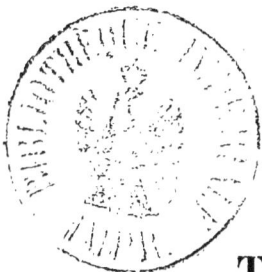

DÉCRET IMPÉRIAL

PORTANT PROMULGATION

DU

TRAITÉ DE COMMERCE

CONCLU LE 17 JANVIER 1863,

Entre la France et l'Italie

·ŗ

NAPOLÉON,

Par la grâce de Dieu et la volonté nationale, Empereur des Français,

A tous présents et à venir, salut :

Sur le rapport de notre ministre secrétaire d'Etat au département des affaires étrangères,

Avons décrété et décrétons ce qui suit :

ARTICLE Iᵉʳ.

Un Traité de commerce suivi d'une disposition additionnelle et transitoire et de quatre tarifs ayant été conclu, le 17 janvier 1863, entre la France et l'Italie, et les ratifications de cet acte ayant été échangées le 19 janvier 1864, ledit Traité, dont la teneur suit, recevra sa pleine et entière exécution.

Sa Majesté l'Empereur des Français et Sa Majesté le Roi d'Italie, également animés du désir de resserrer les liens d'amitié qui unissent les deux peuples et voulant améliorer et étendre les relations commerciales entre leurs Etats respectifs, ont résolu de conclure un Traité à cet effet et ont nommé pour leurs plénipotentiaires, savoir :

Sa Majesté l'Empereur des Français, M. *Drouyn de Lhuys*, grand-croix de son ordre impérial de la Légion d'honneur, de l'ordre religieux et militaire des Saints-Maurice et Lazare, etc., etc., etc., son ministre et secrétaire d'Etat au département des affaires étrangères ;

Et M. *Rouher*, sénateur de l'Empire, grand-croix de son ordre impérial de la Légion d'honneur, etc., etc., etc., son ministre et secrétaire d'Etat au département de l'agriculture, du commerce et des travaux publics ;

Et Sa Majesté le Roi d'Italie, M. le chevalier *Constantin Nigra*, grand-officier de son ordre religieux et militaire des Saints-Maurice et Lazare, commandeur de l'ordre impérial de la Légion d'honneur, etc., etc., son envoyé extraordinaire et ministre plénipotentiaire près Sa Majesté l'Empereur des Français ;

Et M. le professeur *Antonio Scialoja*, sénateur du Royaume, grand-officier de son ordre religieux et militaire des Saints-

Maurice et Lazare, chevalier de l'ordre du Mérite Civil de Savoie, etc., etc., etc.

Lesquels, après s'être communiqué leurs pleins pouvoirs, trouvés en bonne et due forme, sont convenus des articles suivants :

Art. 1er. Les objets d'origine ou de manufacture italienne énumérés dans le tarif A joint au présent Traité et importés directement, par terre ou par mer, sous pavillon français ou italien, seront admis en France aux droits fixés par ledit tarif, tous droits additionnels compris.

Art. 2. Les objets d'origine ou de manufacture française énumérés dans le tarif B joint au présent Traité et importés directement, par terre ou par mer, sous pavillon français ou italien, seront admis en Italie aux droits fixés par ledit tarif, tous droits additionnels compris.

Art. 3. Les droits à l'exportation de l'un des deux Etats dans l'autre sont modifiés conformément aux tarifs C et D annexés au présent Traité.

Art. 4. Il est convenu entre les Hautes Parties contractantes que les charges supportées par les producteurs français, soit pour les droits grevant à l'intérieur leurs produits ou les matières dont leurs produits sont fabriqués, soit pour une surveillance, un contrôle ou un exercice administratif établi sur leur production, pourront être compensées par des surtaxes complémentaires équivalentes sur les produits similaires d'origine ou de manufacture italienne.

En cas de suppression, de diminution ou d'augmentation des droits ou des char-

ges mentionnés dans cet article, les surtaxes seront supprimées, réduites ou aug-
mentées proportionnellement.

Par effet de l'application de ces principes, les produits italiens ci-dessous énumérés seront assujettis aux surtaxes sui-
vantes à leur importation en France :

		fr. c.
Sel ammoniac (hydrochlorate d'am-moniaque).................		10 » les 100 kilogr.
Sulfate de soude anhydre, contenant en nature plus de vingt-cinq pour cent de sel.......	pur...........	6 »
	impur.........	5 40
Soude artificielle brute, ne titrant pas au minimum trente degrés...		4 35
Carbonate de soude (sel de soude), ne titrant pas au minimum soixante degrés.		11 »
Soude artificielle brute, titrant au moins trente degrés.......... Cristaux de soude (carbonate de soude cristallisé)........		0 40
Sulfate de soude impur.	anhydre ne contenant pas en nature plus de vingt-cinq pour cent de sel....	0 55
	cristallisé ou hydraté.........	0 20
Sulfate de soude pur......	anhydre ne contenant pas en nature plus de 25 0/0 de sel.....	0 60
	cristallisé ou hydraté.	0 25
Sulfite de soude.................		0 60
Sel de soude (carbonate de soude) titrant au moins 60 degrés.....		1 10
Acide hydrochlorique (acide muriatique).		0 30
Chlorure de chaux...............		0 75
Chlorate de potasse.............		6 60
Chlorure de magnésium.........		0 40
Outremer factice................		0 65
Soude de varech................		0 15
Salin de betterave..............		0 10
Sel d'étain.....................		0 30
Soude caustique................		1 40

Bicarbonate de soude............	0 70	
Silicate de soude { anhydre......	0 70	
cristallisé ou		
hydraté......	0 35	
Aluminate de soude	0 70	
Hyposulfite de soude	0 30	
Acétate de soude { anhydre......	0 50	
cristallisé ou		
hydraté......	0 30	
Alcool pur, liqueurs, eaux-de-vie en bouteilles.................	90 »	l'hectolitre.
Bière........................	2 40	
Vernis à l'esprit de vin, par hectolitre d'alcool pur contenu dans le vernis..................	90 »	

Il est entendu que les sucres bruts et les sucres raffinés ne sont pas compris dans cette nomenclature, parce que les droits de douane fixés à l'importation de ces produits comprennent l'impôt de consommation dont ils sont grevés actuellement en France.

Il demeure, en outre, convenu que si des drawbacks étaient accordés à des produits de fabrication française, les droits qui grèvent les produits d'origine ou de fabrication italienne pourront être augmentés, s'il y a lieu, d'une surtaxe égale au montant de ces drawbacks.

Les drawbacks qui seraient établis à l'exportation des produits français ne pourront être que la représentation exacte des droits d'accise grevant lesdits produits ou les matières dont ils sont fabriqués.

Art. 5. L'Italie jouira des mêmes droits que ceux qui sont réservés à la France par l'article précédent.

Art. 6. Si l'une des Hautes Parties contractantes juge nécessaire d'établir un droit nouveau d'accise ou de consommation ou un supplément de droit sur un article de

production ou de fabrication nationale
compris dans les tarifs annexés au présent
Traité, l'article similaire étranger pourra
être immédiatement grevé à l'importation
d'un droit égal.

Art 7. Les marchandises de toutes na-
ture, originaires de l'un des deux Pays et
importées dans l'autre, ne pourront être
assujetties à des droits d'accise ou de consommation supérieurs à ceux qui grèvent
ou grèveraient les marchandises similaires
de production nationale. Toutefois les
droits à l'importation pourront être augmentés des sommes qui représenteraient
les frais occasionnés aux producteurs na-
tionaux par le système de l'accise.

Art. 8. Le gouvernement italien garantit que, dans aucun cas, les produits français ne seront assujettis, par les administrations communales, à des droits d'octroi
ou de consommation autres ou plus élevés
que ceux auxquels seront assujettis les
produits du pays; et, *vice versa*, le Gouvernement français garantit que, dans aucun
cas, les produits de l'Italie ne seront assujettis, par les administrations communales, à un droit d'octroi ou de consommation autre ou plus élevé que celui auquel
seront imposés les produits du pays.

Art. 9. Les articles d'orfévrerie et de
bijouterie en or, en argent, platine ou autres métaux, importés de l'un des deux Pays
dans l'autre, seront soumis au régime de
contrôle établi pour les articles similaires
de fabrication nationale et payeront, s'il
y a lieu, sur la même base que ceux-ci,
les droits de marque et de garantie.

Art. 10. Indépendamment du régime

d'entrée établi par le présent Traité à l'é-
gard des produits non originaires d'Italie,
ces mêmes produits seront soumis aux
surtaxes de navigation dont sont ou pourront être frappés les produits importés en
France, sous pavillon français, d'ailleurs
que des pays d'origine.

Art. 11. Les marchandises de toute origine importées de France par la frontière
de terre seront admises, à l'entrée en Italie, aux mêmes droits que si elles y étaient
importées directement de France par mer
sous pavillon français.

Les marchandises non originaires d'Italie, spécifiées ou non dans l'article 22 de
la loi du 28 avril 1816, importées de l'I-
talie en France par la frontière de terre,
seront admises, pour la consommation in-
térieure de l'Empire, moyennant l'acquit-
tement des droits établis pour les prove-
nances autres que celles des pays de production sous pavillon français.

Art. 12. Pour faciliter la circulation des
produits agricoles sur la frontière des deux
Pays, les céréales en gerbes et en épis, les
foins, la paille et les fourrages verts, seront
réciproquement importés et exportés en
franchise de droits.

Art. 13. Les deux Hautes Parties contractantes prennent l'engagement de ne pas
interdire l'exportation de la houille et de
n'établir aucun droit sur cette exportation.

De son côté, le Gouvernement français
s'engage à ne pas élever, pendant la durée
du présent Traité, les droits actuellement
applicables à l'importation en France des
houilles, cokes et briquettes de charbon
d'origine italienne.

Le droit d'importation en Italie des charbons de terre, du coke et des briquettes de charbon d'origine française, est réduit à un franc par mille kilogrammes.

Art. 14. Pour établir que les produits sont d'origine ou de manufacture nationale, l'importateur devra présenter à la douane de l'autre Pays, soit une déclaration officielle faite devant un magistrat siégeant au lieu d'expédition, soit un certificat délivré par le chef du service des douanes du bureau d'exportation, soit un certificat délivré par les consuls ou agents consulaires du Pays dans lequel l'importation doit être faite, et qui résident dans les lieux d'expédition ou dans les ports d'embarquement.

Les consuls ou agents consulaires respectifs légaliseront les signatures des autorités locales.

Art. 15. Les droits *ad valorem* stipulés par le présent Traité seront calculés sur la valeur, au lieu d'origine ou de fabrication, de l'objet importé, augmentée des frais de transport, d'assurance et de commission nécessaires pour l'importation dans l'un des deux Etats jusqu'au lieu d'introduction.

L'importateur devra, indépendamment du certificat d'origine, joindre à sa déclaration écrite, constatant la valeur de la marchandise importée, une facture indiquant le prix réel et émanant du fabricant ou du vendeur.

Cette facture sera visée par un consul ou agent consulaire de la Puissance dans le territoire de laquelle l'importation doit être faite.

Art. 16. Si la douane juge insuffisante

la valeur déclarée, elle aura le droit de re-
tenir les marchandises, en payant à l'importateur le prix déclaré par lui, augmenté de cinq pour cent.

Ce payement devra être effectué dans les
quinze jours qui suivront la déclaration, et
les droits, s'il en a été perçu, seront, en
même temps, restitués.

Art. 17. L'importateur contre lequel la
douane de l'un des deux Pays voudra exercer le droit de préemption stipulé par
l'article précédent pourra, s'il le préfère,
demander l'estimation de sa marchandise
par des experts. La même faculté appar-
tiendra à la douane, lorsqu'elle ne jugera
pas convenable de recourir immédiatement à la préemption.

Art. 18. Si l'expertiste constate que la
valeur de la marchandise ne dépasse pas
de cinq pour cent celle qui est déclarée
par l'importateur, le droit sera perçu sur
le montant de la déclaration.

Si la valeur dépasse de cinq pour cent
celle qui est déclarée, la douane pourra, à
son choix, exercer la préemption ou per-
cevoir le droit sur la valeur déterminée
par les experts.

Ce droit sera augmenté de cinquante
pour cent, à titre d'amende, si l'évalua-
tion des experts est de dix pour cent su-
périeure à la valeur déclarée.

Les frais d'expertise seront supportés
par le déclarant, si la valeur déterminée
par la décision arbitrale excède de cinq
pour cent la valeur déclarée; dans le cas
contraire, ils seront supportés par la
douane.

Art. 19. Dans les cas prévus par l'ar-

ticle 17, les deux arbitres experts seront
nommés, l'un par le déclarant, l'autre par
le chef local du service des douanes; en
cas de partage, ou même au moment de
la constitution de l'arbitrage, si le déclarant le requiert, les experts choisiront un
tiers arbitre; s'il y a désaccord, celui-ci
sera nommé par le président du tribunal
de commerce du ressort; si le bureau de
déclaration est à plus d'un myriamètre du
siége du tribunal de commerce, le tiers
arbitre pourra être nommé par le juge de
paix du canton ou le juge de mandement.

La décision arbitrale devra être rendue
dans les quinze jours qui suivront la constitution de l'arbitrage.

Art. 20. Les déclarations doivent conte-
nir toutes les indications nécessaires pour
l'application des droits. Ainsi, outre la na-
ture, l'espèce, la qualité, la provenance et
la destination de la marchandise, elles doivent énoncer le poids, le nombre, la mesure ou la valeur, suivant les cas.

Si, par suite de circonstances exception-
nelles, le déclarant se trouve dans l'im-
possibilité d'énoncer la quantité à soumet-
tre aux droits, la douane pourra lui per-
mettre de vérifier lui-même, à ses frais,
dans un local désigné ou agréé par elle, le
poids, la mesure ou le nombre; après
quoi, l'importateur sera tenu de faire la
déclaration détaillée de la marchandise
dans les délais voulus par la législation de
chaque Pays.

Art. 21. A l'égard des marchandises
qui acquittent les droits sur le poids net,
si le déclarant entend que la perception
ait lieu d'après le *net réel*, il devra énon-

cer ce poids dans sa déclaration. A défaut,
la liquidation des droits sera établie sur le
poids brut, sauf défalcation de la tare légale.

Art. 22. Il est convenu entre les Hautes
Parties contractantes que les droits fixés
par le présent Traité ne subiront aucune
réduction à raison d'avarie ou de détério-
ration quelconque de marchandises.

Art. 23. On n'exigera mutuellement, pour
l'importation d'aucune marchandise, et no-
tamment pour les machines et mécaniques
entières ou en pièces détachées, aucun
modèle ou dessin de l'objet importé.

Art. 24. Les marchandises de toute na-
ture, venant de l'un des deux Etats ou y
allant, seront réciproquement exemptes,
dans l'autre Etat, de tout droit de transit.

Toutefois la prohibition est maintenue
pour la poudre à tirer, et les deux Hautes
Parties contractantes se réservent de sou-
mettre à des autorisations spéciales le transit des armes de guerre.

Le traitement de la nation la plus favo-
risée est réciproquement garanti à chacun
des deux Pays pour tout ce qui concerne
le transit.

Art. 25. Les dispositions du présent
Traité de commerce sont applicables en
Algérie, tant pour l'exportation des produits de cette possession que pour l'importation et le transit des marchandises.

Art. 26. Chacune des deux Hautes Parties contractantes s'engage à faire profiter
l'autre de toute faveur, de tout privilége
ou abaissement dans les tarifs des droits à
l'importation ou à l'exportation des articles, mentionnés ou non dans le présent
Traité, que l'une d'elles pourrait accorder

à une tierce puissance. Elles s'engagent, en outre, à n'établir, l'une envers l'autre, aucun droit ou prohibition d'importation ou d'exportation qui ne soit, en même temps, applicable aux autres nations.

Art. 27. Le présent Traité sera soumis à l'approbation du parlement italien.

Art. 28. Le présent Traité restera en vigueur pendant douze années, à partir du jour de l'échange des ratifications. Dans le cas où aucune des deux Hautes Parties contractantes n'aurait notifié, douze mois avant la fin de ladite période, son intention d'en faire cesser les effets, il demeurera obligatoire jusqu'à l'expiration d'une année, à partir du jour où l'une ou l'autre des Hautes Parties contractantes l'aura dénoncé.

Les Hautes Parties contractantes se réservent la faculté d'introduire, d'un commun accord, dans ce Traité, toutes modifications qui ne seraient pas en opposition avec son esprit et ses principes et dont l'utilité serait démontrée par l'expérience.

Art. 29. Les stipulations qui précèdent seront exécutoires dans les deux Etats immédiatement après l'échange des ratifications.

Art. 30. Le présent Traité sera ratifié et les ratifications en seront échangées à Paris le plus tôt que faire se pourra.

En foi de quoi les plénipotentiaires respectifs l'ont signé et y ont apposé le cachet de leurs armes.

Fait à Paris, le 17 janvier 1863.

(*L. S.*) *Signé* Drouyn de Lhuys.
(*L. S.*) *Signé* E. Rouher.
(*L. S.*) *Signé* Nigra.
(*L. S.*) *Signé* Scialoja.

DISPOSITION ADDITIONNELLE ET TRANSITOIRE.

Les deux Hautes Parties contractantes, prenant en considération la situation exceptionnelle dans laquelle se trouvent placées, par suite de l'annexion de la Savoie à l'Empire français, les fabriques de Pont (Italie) et d'Annecy (Haute-Savoie), sont convenues de la disposition suivante :

Les tissus de coton écru fabriqués dans la manufacture de Pont pourront, jusqu'à concurrence de deux cent cinquante mille kilogrammes et pendant trois années consécutives, être importés, en franchise de droits, en France, pour être imprimés dans la manufacture d'Annecy, et réimportés, après l'impression, également en franchise, en Italie.

Les douanes des deux pays prendront les mesures nécessaires pour s'assurer de l'origine et de l'identité de ces tissus.

La présente disposition additionnelle et transitoire sera considérée comme faisant partie du traité de commerce en date de ce jour et comprise, avec ce traité, dans les ratifications respectives.

Fait à Paris, le 17 janvier 1863.

(*L. S.*) *Signé* DROUYN DE LHUYS.
(*L. S.*) *Signé* E. ROUHER.
(*L. S.*) *Signé* NIGRA.
(*L. S.*) *Signé* SCIALOJA.

TARIF A

Annexé au traité de commerce conclu, le 17 janvier 1863, entre la France et l'Italie. (Article 1ᵉʳ.)

Droits à l'entrée en France.

DÉNOMINATION des articles.	TAUX DES DROITS	
	en 1863.	au 1ᵉʳ octobre 1864.

Métaux.

Fer et fonte.

Minerai de fer......	Exempt.	Exempt.
Mâchefer, limailles et scories de forge..	Exempts.	Exempts.
Fonte brute en masse et fonte moulée pour lest de navire............ ⎫ ⎬ Débris de vieux ouvrages en fonte... ⎭	fr. c. 2 50 les 100 k.	fr. c. 2 » les 100 k.
Fonte épurée dite mazée............ ⎫ ⎬ Ferrailles et débris de vieux ouvrages ⎬ en fer.......... ⎭	3 25 —	2 75 —
Fer brut en massiaux ou prismes retenant encore des scories.........	5 » —	4 50 —
Fers en barres, carrées, rondes ou plates, rails de toute forme et dimension, fers d'angle et à T et fils de fer, sauf les exceptions ci-après.	7 » —	6 » —
Fers feuillards en bandes d'un millimètre d'épaisseur ou moins........	8 50	7 50
Tôles laminées ou		

DÉNOMINATION des articles.	TAUX DES DROITS	
	en 1863.	au 1er octobre 1864.

Métaux (suite).

martelées de plus d'un millimètre d'épaisseur , en feuilles pesant 200 kilogrammes ou moins , et dont la largeur n'excède pas 1m20, ni la longueur 4m50.......	8 50	—	7 50	—
Tôles laminées ou martelées de plus d'un millimèt. d'épaisseur, en feuilles pesant plus de 200 kil. ou bien ayant plus de 1m20 de largeur ou plus de 4m50 de longueur..........	9 50	—	7 50	—
Tôles minces et fers noirs en feuilles d'un millimèt. d'épaisseur ou moins.	13 »	—	10 »	—
(Les feuilles de tôle ou fers noirs, planes, découpées d'une façon quelconque , payeront un dixième en sus des feuilles rectangulaires.)				
Fer étamé (fer-blanc), cuivré, zingué ou plombé..........	16 »	—	13 »	—
Fil de fer de 5/10es de millimètre de diamètre et au dessous, qu'il soit ou non étamé, cuivré ou zingué........	14 »	—	10 »	—

DÉNOMINATION des articles.	TAUX DES DROITS	
	en 1863.	au 1er octobre 1864.

Métaux (suite).

Acier.

En barres de toute espèce et feuillard.	15 » —	13 » —
En tôle ou en bandes brunes, laminées à chaud, d'une épaisseur supérieure à un demi-millimètre.......	22 » —	18 » —
En tôle ou en bandes brunes, laminées à chaud, d'un demi-millimètre d'épaisseur ou moins...........	30 » —	25 » —
En tôle ou en bandes blanches, laminées à froid, quelle que soit l'épaisseur... Fil d'acier, même blanchi, pour cordes d'instruments.	30 » —	25 » —

Cuivre.

Minerai............	Exempt.	Exempt.
Limailles et débris de vieux ouvrages en cuivre.......	Exempts.	Exempts.
Pur ou allié de zinc ou d'étain de première fusion en masse, barres, saumons ou plaques..	Exempt.	Exempt.
Pur ou allié de zinc ou d'étain laminé ou battu en barres ou planches......	15 » les 100 k.	10 » les 100 k.
Pur ou allié en fils de toute dimension polis ou non......	15 » —	10 » —
Doré ou argenté, battu, tiré ou laminé,		

DÉNOMINATION des articles.	TAUX DES DROITS.	
	en 1863.	au 1er octobre 1864.

Métaux (suite).

filé sur fil ou sur soie.............	100 » —	100 » —
Zinc.		
Minerai cru ou grillé, pulvérisé ou non..	Exempt.	Exempt.
Limailles et débris de vieux ouvrages.	Exempts.	Exempts.
En masses brutes, saumons, barres ou plaques.........	Exempt.	Exempt.
Laminé...........	6 » les 100 k.	4 » les 100 k.
Plomb.		
Minerai et scories de toute sorte......	Exempt.	Exempt.
Limailles et débris de vieux ouvrages...	Exempts.	Exempts.
En masses brutes, saumons, barres ou plaques......	3 » les 100 k.	Exempt.
Laminé...........	5 » —	3 » —
Allié d'antimoine en masse..........	5 » —	3 » —
Vieux caractères d'imprimerie.....	5 » —	3 » —
Etain.		
Minerai..........	Exempt.	Exempt.
En masses brutes, saumons, barres ou plaques.........	Exempt.	Exempt.
Limailles et débris..	Exempts.	Exempts.
Allié d'antimoine (métal britannique) en lingots.......	5 » les 100 k.	5 » les 100 k.
Pur ou allié, battu ou laminé.......	6 » —	6 » —

3

DÉNOMINATION des articles.	TAUX DES DROITS	
	en 1863.	au 1er octobre 1864.

Métaux (suite).

Cadmium brut.....
Mercure natif......
Bismuth et étain de glace ....

Cadmium brut / Mercure natif / Bismuth et étain de glace	Exempts.	Exempts.

Antimoine.

Minerai .... / Sulfuré fondu...... / Métallique ou régule.	8 »les 100 k.	6 »les 100 k.

Nickel.

Minerai de nickel et speiss........... Pur ou allié d'autres métaux, notamment de cuivre ou de zinc (argentan), en lingots ou masses brutes........	Exempt.	Exempt.
Pur ou allié d'autres métaux, battu, laminé ou étiré.....	15 »les 100 k.	10 »les 100 k.
Manganèse. — Minerai............ Arsenic.— Minerai.. Arsenic métallique.. Minerais non dénommés............	Exempts.	Exempts.

Ouvrages en métaux.

Fonte.

Ouvrages en fonte
moulée, non tournés ni polis :
1re classe. — Coussinets de chemins de fer, plaques ou au-

DÉNOMINATION des articles.	BASE.	TAUX des droits.

Ouvrages en métaux (suite).

tres pièces coulées à découvert......	3 50 les 100 k.	3 » les 100 k.
2ᵉ classe. —Tuyaux cylindriques, droits, poutrelles et colonnes pleines ou creuses, cornues pour la fabrication du gaz , barreaux pleins et leurs assemblages, grilles et plaques de foyers, arbres de transmission, bâtis de machines et autres objets sans ornements ni ajustages............	4 25 —	3 75 —
3ᵉ classe. — Poteries et tous autres ouvrages non désignés dans les deux classes précédentes.............	5 » —	4 50 —
Ouvrages en fonte polis ou tournés..	9 » —	6 » —
Ouvrages en fonte étamés, émaillés ou vernissés......	12 » —	10 » —
Fer. Ferronnerie comprenant : Pièces de charpente. Courbes et solives pour navires..... Ferrures de charrettes et waggons... Gonds, pentures, gros verrous, équerres et autres gros ferrements de portes ou croisées, non tournés ni polis...............	9 » 100 k.	8 » 100 k.

DÉNOMINATION des articles.	TAUX DES DROITS.	
	en 1863.	au 1er octobre 1864.

Ouvrages en métaux (suite).

Grilles en fer plein, lits, siéges et meubles de jardin ou autres, avec ou sans ornements accessoires en fonte, cuivre ou acier... N. B. Les essieux, resso·ts et bandages de roues ne sont pas compris dans cette nomenclature, et figurent parmi les pièces détachées de machines.	9 » —	8 » —
Serrureries comprenant :		
Serrures et cadenas en fer de toute sorte, fiches et charnières en tôle, loquets, targettes, et tous autres objets en fer ou tôle tournés, polis ou limés pour ferrures de meubles, portes et croisées	15 » —	12 » —
Clous forgés à la mécanique..........	10 » —	8 » —
Clous forgés à la main............	15 » —	12 » —
Vis à bois, boulons et écrous........ Ancres............. Câbles et chaînes en fer	10 » —	8 » —
Outils en fer pur, emmanchés ou non..	12 » —	10 » —
Tubes en fer étiré, soudés par simple rapprochement :		

DÉNOMINATION des articles.	TAUX DES DROITS	
	en 1863.	au 1er octobre 1864.

Ouvrages en métaux (suite).

De 9 millimètres de diamètre intérieur ou plus..........	13 » —	11 » —
De moins de 9 millimètres, raccords de to te espèce. .	25 » —	20 » —
Tubes en fer étiré, soudés sur mandrin et à recouvrement	25 » —	20 » —
Articles de ménage, et autres ouvrages non dénommés :		
En fer ou en tôle, polis ou peints....	17 » —	14 » —
En fer ou en tôle émaillés, étamés ou vernissés.........	20 » —	16 » —
Acier.		
Outils en acier pur (limes, scies circulaires ou droites, faux, faucilles et autres non dénommés)............	40 » —	32 » —
Aiguilles à coudre de moins de 5 centimètres..........	200 » —	200 » —
Aiguilles à coudre de 5 centimètres ou plus	100 » —	100 » —
Plumes métalliques en métal autre que l'or et l'argent....	100 » —	100 » —
Petits objets en acier, tels que perles, coulants, broches et dés à coudre......	25 » —	20 » —
Articles de ménage et autres ouvrages en acier pur non dénommés...,....	40 » —	32 » —

DÉNOMINATION des articles.	TAUX DES DROITS	
	en 1863.	au 1er octobre 1864.

Ouvrages en métaux (suite).

Hameçons de toute espèce..........	50 » —	50 » —
Coutellerie de toute espèce..........	20 0/0 de la valeur, abaissé à 15 0/0 à partir du 1er janvier 1866.	
Instruments de chirurgie, de précision, de physique et de chimie (pour laboratoire)......	Exempts.	Exempts.
Armes de commerce. { Armes blanch.	40 » les 100 k.	40 » les 100 k.
{ Armes à feu.	240 » —	240 » —

Métaux divers.

Outils en fer rechargés d'acier, emmanchés ou non..	18 » —	15 » —
Objets en fonte et fer non polis, le poids du fer étant inférieur à la moitié du poids total.	5 » —	4 50 —
Objets en fonte et fer non polis, le poids du fer étant égal ou supérieur à la moitié du poids total...........	10 » —	8 » —
Objets en fonte et fer polis, émaillés ou vernissés, même avec ornements accessoires en fer, cuivre, laiton ou acier..........	15 » —	12 » —
Toiles métalliques en fer ou en acier....	15 » —	10 » —

DÉNOMINATION des articles.	TAUX DES DROITS	
	en 1863.	au 1er octobre 1864.

Ouvrages en métaux (suite).

Cylindres en cuivre ou laiton pour impression, gravés ou non	15 » —	15 » —
Chaudronnerie..... Toiles en fils de cuivre ou laiton..... Objets d'art et d'ornement et tous autres ouvrages en cuivre pur ou allié de zinc ou d'étain.	25 » —	20 » —
Ouvrages en zinc de toute espèce	10 » —	8 » —
Tuyaux et autres ouvrages de plomb de toute sorte....	5 » —	3 » —
Caractères d'imprimerie neufs, clichés et planches gravées pour impression sur papier.	10 » —	8 » —
Poteries et autres ouvrages en étain pur ou allié d'antimoine	30 » —	30 » —
Ouvrages en nickel allié au cuivre ou au zinc (argentan)·...	100 » —	100 » —
Ouvrages en plaqué sans distinction de titre.	100 » —	100 » —
Ouvrages en métaux dorés ou argentés, soit au mercure, soit par les procédés électro-chimiques.	100 » —	100 » —
Orfévrerie et bijouterie en or, argent, platine ou autres métaux	500 » —	500 » —
Horlogerie........	5. 0/0 de la val.	5. 0/0 de la val.
Fournitures d'horlogerie............	100 » les 100 k.	100 » le 100 k.

DÉNOMINATION des articles.	TAUX DES DROITS	
	en 1863.	au 1er octobre 1864

Machines et mécaniques.

Appareils complets.

Machines à vapeur fixes, avec ou sans chaudières, avec ou sans volant....	10 » —	6 » —
Machines à vapeur fixes pour la navigation, avec ou sans chaudières...	20 » —	12 » —
— locomotives ou locomobiles........	15 » —	10 » —
Tenders complets de machines locomotives.....	10 » —	8 » —
Machines pour la filature.	15 » —	10 » —
— à nettoyer et ouvrir la laine, le coton, le lin, le chanvre et autres matières textiles.....	9 » —	6 » —
— pour le tissage...		
— à fabriquer le papier.		
— à imprimer......	9 » —	6 » —
— pour l'agriculture.		
— à bouter les plaques et rubans de cardes		
Métiers à tulle.....		
Appareils en cuivre,		
— à distiller.......	15 » —	10 » —
— à sucre.........		
— de chauffage.....		
Cardes non garnies.		
Chaudières à vapeur en tôle de fer, cylindriques ou sphériques, avec ou sans bouilleurs ou réchauffeurs......	10 » —	8 » —

DÉNOMINATION des articles.	TAUX DES DROITS	
	en 1863.	au 1er octobre 1864.

Machines et mécaniques (suite).

Chaudières à vapeur tubulaires en tôle de fer, à tubes en fer, cuivre ou laiton, étirés ou en tôle clouée, à foyers intérieurs, et toutes autres chaudières de forme non cylindrique ou sphérique simple.....	15 » —	12 » —
Chaudières à vapeur en tôle d'acier de toute forme......	30 » —	25 » —
Gazomètres, chaudières, découvertes, poêles et calorifères en tôle ou en fonte et tôle...	10 » —	8 » —
Machines - outils et machines non dénommés contenant 75 0/0 de fonte et plus...........	9 » —	6 » —
— — 50 à 75 0/0 exclusivement de leur poids en fonte.. .	15 » —	10 » —
— — moins de 50 0/0 de leur poids en fonte	20 » —	15 » —
Pièces détachées de machines.		
Plaques et rubans de cardes sur cuir, caoutchouc, ou sur tissus purs ou mélangés...........	60 » —	50 » —
Dents de rots en fer ou cuivre........	30 » —	30 » —
Rots, ferrures ou peignes à tisser, à dents de fer ou de cuivre...........	50 » —	30 » —

DÉNOMINATION des articles.	TAUX DES DROITS	
	en 1863.	au 1er octobre 1864.

Machines et mécaniques (suite).

Pièces en fonte, polies, limées et ajustées...	9 » —	6 » —
Pièces en fer forgé, polies, limées et ajustées ou non, quel que soit leur poids...........	15 » —	10 » —
Ressorts en acier pour carrosserie, waggons et locomotives..........	17 » —	15 » —
Pièces en acier, polies, limées, ajustées ou non, pesant plus d'un kilogramme........	30 » —	25 » —
— — pesant un kilogramme ou moins.	40 » —	35 » —
Pièces en cuivre pur ou allié de tous autres métaux....	25 » —	20 » —
Plaques et rubans de cuir, de caoutchouc et de tissus spécialement destinés pour cardes......	20 » —	20 » —
Or et argent battus en feuilles:		
Or.................	25 » le kil.	25 » le kil.
Argent....	20 » —	20 » —
Sucres bruts de betterave (droit de consommation compris).........	44 » les 100 k.	44 » les 100 k.
— raffinés (droit de consommation compris).........	55 » —	55 » —
— candis (droit de consommation compris)..........	58 » —	58 » —

DÉNOMINATION des articles.	TAUX DES DROITS	
	en 1863.	au 1er octobre 1864.

Machines et mécaniques (suite),

Carrosserie.........⎫ Tabletterie et ou-⎬ vrages en ivoire...⎭	10 0/0 de la val.	10 0/0 de la val.
Peaux brutes.......	Exemptes.	Exemptes.
— Vernies et maro- quinées..........	80 » les 100 k.	80 » les 100 k.
— de mouton teintes.	45 » —	45 » —
— préparées de toute autre espèce......	15 » —	15 » —
Gants de peau......	5 0/0 de la val.	5 0/0 de la val.
Ouvrages en peau et en cuir de toute espèce......	10 » —	10 » —
Futailles vi- ⎛cerclées des, neu-⎜ en bois. ves ou vieilles, montées	Exemptes.	Exemptes.
ou dé-⎛cerclées montées.⎝ en fer.	10 0/0 de la val.	10 0/0 de la val.
Bois feuillards et merrains..........	Exempts.	Exempts.
Pelles, fourches, râ- teaux et manches d'outils en bois avec ou sans viroles...	Exempts.	Exempts.
Avirons............	Exempts.	Exempts.
Plats, cuillers, écuel- les, et autres arti- cles de ménage en bois.............	Exempts.	Exempts.
Pièces de charpente et de charronnage, brutes ou façonnées	Exemptes.	Exemptes.
Autres ouvrages en bois non dénom- més............⎫ Meubles..........⎬	10 0/0 de la val.	10 0/0 de la val.

DÉNOMINATION des articles.	TAUX DES DROITS	
	en 1863.	au 1er octobre 1864.

Machines et mécaniques (suite).

Articles d'emballage ayant déjà servi..		Exempts. Par tonneau de	Exempts. jauge française
Bâtiments de mer con-struits dans le royaume d'Italie, non encore im-matriculés ou navi-guant sous pavillon ita-lien......	en bois	25 »	20 »
	en fer.	70 »	60 »
Coques de bâtiments de mer et ba-teaux de ri-vières.	en bois	15 »	10 »
	en fer.	50 »	40 »

N. B. Les machi-nes et moteurs instal-lés à bord de ces bâ-timents seront taxés séparément d'après le chiffre des droits spé-cifiés sous la rubri-que : *Machines et mé-caniques.*

Industries textiles.

	en 1863.	au 1er octobre 1864.
Lin ou chanvre pei-gné...........	Exempts.	Exempts
Fils de lin ou de chan-vre, mesurant au kilogramme : Simples : Écrus :		
6,000 mètres ou moins,	fr. c. 15 » les 100 kilog.	

DÉNOMINATION des articles.	TAUX DES DROITS	
	en 1863.	au 1er octobre 1864.

Industries textiles (suite).

Plus de : Pas plus de :		
6,000 mètres. 12,000	20 »	les 100 kilogr.
12,000 — 24,000	30 »	—
24,000 — 36,000	36 »	—
36,000 — 72,000	60 »	—
72,000............	100 »	—
Blanchis ou teints :		
6,000 mètres ou moins.	20 »	—
Plus de : Pas plus de ;		
6,000 mètres. 12,000	27 »	—
12,000 — 24,000	40 »	—
24,000 — 36,000	48 »	—
36,000 — 72,000	80 »	—
72,000............	133 »	—
Retors :		
Ecrus	Le droit afférent au fil simple écru employé au retordage augmenté de 30 0/0.	
Blanchis ou teints...	Le droit afférent au fil simple teint ou blanchi employé au retordage augmenté de 30 0/0.	
Les fils de lin ou de chanvre mélangés suivront le même régime que les fils de lin ou de chanvre purs, pourvu que le lin ou le chanvre domine en poids.		
Tissus de lin ou de chanvre unis ou ouvrés présentant en chaîne dans l'espace de 5 millimètres carrés : Ecrus :		
8 fils ou moins......	28 »	les 100 kilog.
9, 10 et 11 fils....	55 »	—
12 fils.............	65 »	—
13 et 14 fils	90 »	—
15, 16 et 17 fils....	115 »	—

DÉNOMINATION des articles.	TAUX DES DROITS.	
	en 1863.	au 1er octobre 1864.

Industries textiles (suite).

18, 19 et 20 fils.....	170 »	—
21, 22 et 23 fils.....	260 »	—
24 fils et au-dessus..	400 »	—
Blanchis, teints ou imprimés :		
8 fils ou moins....	38 »	les 100 kilogr.
9, 10 et 11 fils.....	70 »	—
12 fils.............	95 »	—
13 et 14 fils........	120 »	—
15, 16 et 17 fils.....	155 »	—
18, 19 et 20 fils.....	230 »	—
21, 22 et 23 fils.....	350 »	—
24 fils et au-dessus..	535 »	—
Coutils unis ou façonnés, écrus, blanchis, teints ou imprimés...........	16. 0/0 de la valeur.	
Linge damassé......	16 —	—
Batiste.............		
Linons.............	Même régime que les toiles unies.	
Mouchoirs encadrés.		
Tulle de lin........	15. 0/0 de la valeur.	
Dentelles d°........	5 —	—
Bonneterie d°......		
Passementerie d°...		
Rubannerie de fil écru, blanchie ou teinte............		
Articles en lin ou en chanvre, confectionnés en tout ou en partie........	15 —	—
Vêtements et articles non dénommés...		
Tissus de lin ou de chanvre mélangés —quand le lin ou le chanvre domine en poids.........	15 —	—
JUTE :		
En brins, teillé ou peigné..........	Exempt.	

DÉNOMINATION des articles.	TAUX DES DROITS	
	en 1863.	au 1er octobre 1864.

Industries textiles (suite).

Fils de jute, mesurant au kilogramme :
Ecrus :

Moins de 1,400 mètres............	7 » les 100 k.	5 » les 100 k.
De 1,400 à 3,700 mètres exclusivement.	9 20 —	6 » —
De 3,700 à 4,200 mètres exclusivement.	10 20 —	7 » —
De 4,200 à 6,000 mètres exclusivement.	15 » —	10 » —
Plus de 6,000 mètres exclusivement.....	Même régime que les fils de lin.	

Blanchis ou teints :

Moins de 1,400 mètres............	10 » les 100 k.	7 » les 100 k.
De 1,400 à 3,700 mètres exclusivement.....	13 » —	9 » —
De 3,700 à 4,200 mètres exclusivement.	15 » —	10 » —
De 4,200 à 6,000 mètres exclusivement.....	22 » —	14 » —
Plus de 6,000 mètres exclusivement....	Même régime que les fils de lin.	

Tissus de jute, présentant en chaîne dans l'espace de 5 millimètres :
Ecrus :

1, 2 et 3 fils unis...	13 » les 100 k.	10 » les 100 k.
1, 2 et 3 fils croisés.	15 » —	12 » —
4 et 5 fils.........	21 » —	16 » —
6, 7 et 8 fils.......	30 » —	24 » —
Plus de 8 fils.	Même régime que les tissus de lin, suivant la classe.	

Blanchis ou teints :

1, 2 et 3 fils unis .	19 » les 100 k.	15 » les 100 k.
1, 2 et 3 fils croisés.	22 » —	17 » —
4 et 5 fils.........	30 » —	23 » —
6, 7 et 8 fils.......	44 » —	35 » —
Plus de 8 fils......	Même régime que les tissus de lin suivant la classe.	

DÉNOMINATION des articles.	TAUX DES DROITS	
	en 1863.	au 1er octobre 1864.

Industries textiles (suite).

Tapis de jute, ras ou à poil...........	32 » les 100 k.	24 » les 100 k.
Les fils de jute mélangés avec d'autres matières suivront le même régime que les fils de jute purs, pourvu que le jute domine en poids.		
Tissus de jute mélangés quand le jute domine en poids..	20.0/0 de la val.	15.0/0 de la val.
VÉGÉTAUX FILAMEN-TEUX :		
Phormium tenax, abaca, et autres végétaux filamenteux non dénommés :		
Filaments :		
Bruts teillés.		
Peignés ou tordus...	Exempts.	
Fils	5 pour cent de la valeur.	
Tissus............	10 — —	
CRIN :		
Crin brut de toute nature, même préparé ou frisé.....	Exempt.	
Tissus et ouvrages de crin ou de poils de vache purs ou mélangés	10 pour cent de la valeur.	
COTON :		
Coton de l'Inde en laine............	Exempt.	
Coton en feuilles cardées ou gommées (ouates).........	» 10 le kilogr.	
Fils de coton simple, mesurant au demi-kilogramme :		
Ecrus :		
20,000 mèt. ou moins.	» 15 —	

DÉNOMINATION des articles.	TAUX DES DROITS	
	en 1863.	au 1er octobre 1864.

Industries textiles (suite).

mètres. mètres.		
De 21,000 à 30,000	» 20	—
De 31,000 à 40,000	» 30	—
De 41,000 à 50,000	» 40	—
De 51,000 à 60,000	» 50	—
De 61,000 à 70,000	» 60	—
De 71,000 à 80,000	» 70	—
De 81,000 à 90,000	» 90	—
De 91,000 à 100,000	1 »	—
De 101,000 à 110,000	1 20	—
De 111,000 à 120,000	1 40	—
De 121,000 à 130,000	1 60	—
De 131,000 à 140,000	2 »	—
De 141,000 à 170,000	2 50	—
De 171,000 et au-dessus	3 00	—
Blanchis.	Le droit sur le fil simple écru, augmenté de 15 pour cent.	
Teints.............	Le droit sur le fil simple écru, augmenté de 25 cent. par kil.	
Fils de coton retors en deux bouts :		
Ecrus.............	Le droit afférent au numéro du fil simple employé au retordage augmenté de 30 pour cent.	
Blanchis..........	Le droit sur le fil écru retors en deux bouts, augmenté de 15 pour cent.	
Teints.............	Le droit sur le fil écru retors en deux bouts, augmenté de 25 cent. par kilogr.	
Chaînes ourdies :		
Ecrues.............	Le droit sur le fil simple, augmenté de 30 pour cent.	
Blanchies.	Le droit sur les chaînes ourdies écrues, augmenté de 15 pour cent.	
Teintes............	Le droit sur les chaînes ourdies écrues, augmenté de 25 centimes par kilogr.	
Fils écrus blanchis ou teints, en trois bouts ou plus :		

5

DÉNOMINATION des articles.	TAUX DES DROITS	
	en 1863.	au 1er octobre 1864.

Industries textiles (suite).

A simple torsion....	» 6 cent. par 1,000 mètres.	
A plusieurs torsions ou câblés	» 12 —	—
Tissus de coton écrus, unis, croisés, coutils :		
1re classe, pesant 11 kilogr. et plus les 100 mètres carrés :		
De 35 fils et au-dessous aux 5 millimètres carrés.....	» 50 centimes le kilogr.	
De 36 fils et au-dessus.............	» 80	—
2e classe, pesant de 7 à 11 kilogr. exclusivement, les 100 mètres carrés :		
De 35 fils et au-dessous............	» 60	—
De 36 à 43 fils.	1 »	—
De 44 fils et au-dessus.............	2 »	
3e classe, pesant de 3 à 7 kilogr. exclusivement les 100 mètres carrés :		
De 27 fils et au-dessous............	» 80	—
De 28 à 35 fils......	1 20	—
De 36 à 43.........	1 90	—
De 44 fils et au-dessus............	3 »	—
Tissus de coton :		
Blanchis..........	15 pour cent en sus du droit sur l'écru.	
Teints............	25 centimes par kilogr. en sus du droit sur l'écru.	
Imprimés.	15 pour cent de la valeur.	
Velours de coton :		
Façon soie (dite *velvets*) :		

DÉNOMINATION des articles.	TAUX DES DROITS	
	en 1863.	au 1er octobre 1864.

Industries textiles (suite).

Ecrus..............	» 85 centimes le kilogr.	
Teints ou imprimés.	1 10	—
Autres (cordes, moleskins, etc.) :		
Ecrus..............	» 60	—
Teints ou imprimés.	» 85	—
Tissus de coton écrus, unis ou croisés pesant moins de 3 kilogr. par 100 mètres carrés......	15 0/0 de la valeur.	
Piqués, basins, façonnés , damassés et brillantés......		
Couvertures de coton.............		
Tulles unis ou brodés...........		
Gazes et mousselines, brodées ou brochées, pour ameublements ou tentures...........	15 0/0 de la valeur.	
Vêtements et articles confectionnés en tout ou en partie..		
Articles non dénommés.............		
Broderies à la main.	10 —	—
Dentelles et blondes de coton........	5 —	—
Les fils de coton mélangé payeront les mêmes droits que les fils de coton pur , pourvu que le coton domine en poids dans le mélange.		
Tissus de coton mélangés quand le coton domine en poids...........	15 —	—

DÉNOMINATION des articles.	TAUX DES DROITS	
	en 1863.	au 1ᵉʳ octobre 1864.

Industries textiles (suite).

LAINES.

Laine en masse	Exempte.	
Laine teinte en masse.	25 » les 100 kilogr.	
Laine peignée, teinte ou non	25 »	—
Fils de laine, blanchis ou non, simples, mesurant au kilogramme :		
De 30,000 mètres et au-dessous.......	» 25 centimes le kilogr.	
De 31,000 à 40,000 mètres........ ...	» 35	—
De 41,000 à 50,000 mètres...	» 45	—
De 51,000 à 60,000 mètres.....	» 55	—
De 61,000 à 70,000 mètres..........	» 65	—
De 71,000 à 80,000 mètres...	» 75	—
De 81,000 à 90,000 mètres..........	» 85	—
De 91,000 à 100,000 mètres....	» 95	—
De 101,000 et au-dessus..........	1 »	—
Fils de laine, blanchis ou non, retors pour tissage......	Le droit afférent aux fils de laine simples employés au retordage augmenté de 30 0/0.	
Fils de laine blanchis ou non retors pour tapisserie....	Le droit sur le fil simple élevé au double.	
Fils de laine teints simples ou retors.	Droit sur le fil non teint, augmenté de 25 cent par kilogr.	
Tissus de laine	15 0/0 de la val.	10 0/0 de la val.
Feutres de toute sorte	—	—
Couverture de laine.	—	—
Tapis de toute espèce	—	15 —
Bonneterie de laine.	—	10 —
Passementerie de laine..............	—	—

DÉNOMINATION des articles.	TAUX DES DROITS	
	en 1863.	au 1er octobre 1864.

Industries textiles (suite).

Rubanerie de laine.	15 0/0 de la val.	10 0/0 de la val.
Dentelles de laine...	—	—
Chaussons de lisière.	10 —	—
Châles et écharpes de cachemire des Indes.............	5 —	5 —
Articles non dénommés	15 —	10 —

Lisières de draps de toute espèce, entières ou coupées.

Exemptes.

Vêtements et articles confectionnés :		
Neufs.............	15 0/0 de la val.	10 0/0 de la val.
Vieux.............	20 » les 100 kilogr.	

Les fils et tissus d'alpaca, de lama, de vigogne et de chameau, purs ou mélangés de laine, suivront le même régime que les fils et tissus de laine, quelle que soit la proportion du mélange.

Les fils et tissus de laine et des autres matières ci-dessus dénon.mées, mélangés de coton ou d'autres filaments quelconques, payeront les mêmes droits que les fis et tissus de laine pure, pourvu que la laine domine dans le mélange.

Les fils de poil de chèvre conserveront le régime qui leur est actuellement applicable.

DÉNOMINATION des articles.	TAUX DES DROITS	
	en 1863.	au 1er octobre 1864

Industries textiles (suite).

Les tissus de poil de chèvre suivront le régime des tissus de laine.		
Soies :		
En cocons	Exemptes.	
Gréges ou moulinées.	Exemptes.	
Teintes :		
A coudre, à broder et à dentelles.....	3 » le kilogr.	Exemptes.
Autres............	Exemptes.	Exemptes.
Bourre de soie :		
En masse........ .	Exemptes.	
Peignée............	0 10 le kilogr.	
Filée, simple et retorse, écrue, blanche, azurée, teinte :		
De 80,000 mètres simples au kilogramme et au-dessous............	» 75	—
De 81,000 mètres simples au kilogramme et au-dessus............	1 20	—
Tissus, bonneterie, dentelles de pure soie	Exempts.	
Crêpes, façon d'Angleterre, écrus, noirs ou de couleur............	10 » le kilogr.	A partir de 1866 exempts.
Tulles :		
Unis, écrus........	20 » le kilogr.	A partir du 1er octobre 1864, exempts.
Apprêtés..........	15 0/0 de la valr.	—
Façonnés, écrus ou apprêtés	10	—
Tissus de bourre de soie pure, de soie		

DÉNOMINATION des articles.	TAUX DES DROITS	
	en 1863.	au 1er octobre 1864.

Industries textiles (suite).

et bourre de soie, écrus, blancs, teints imprimés........	2 » le kilogr.	
Tissus, passemente- rie et dentelles de soie, ou de bourre de soie..........	Même traitement que les tissus, suivant l'espèce.	
Avec or ou argent fin.	12 » le kilogr.	
Avec or ou argent mi-fin ou faux....	3 50	—
Tissus de soie ou de bourre de soie mé- langés, la soie ou la bourre de soie dominant en poids.	3	—
Rubans de soie ou de bourre de soie :		
De velours........	5 »	—
Autres............	8 »	—
Mélangés.........	10 0/0 de la valeur.	
(Les vêtements et articles confec- tionnés en soie suivront le régime des tissus dominant en poids.)		

Produits chimiques.

Iode............		
Brome.............		
Acides :		
Sulfurique....... .		
Gallique..........		
Nitrique....		
Tartrique.........		
Benzoïque..........	Exempts.	
Borique...........		
Citrique.		
Arsénieux,.........		
Jus de citron........		
Oxydes :		
De fer.............		

DÉNOMINATION des articles.	TAUX DES DROITS	
	en 1863.	au 1er octobre 1864.

Produits chimiques (suite).

De zinc, gris.......
D'étain...........
D'urane ....
De cuivre.........
Safre et autres com-
   posés du cobalt...
Sulfures d'arsenic. .
Chlorure de potas-
   sium. ....
Iodure de potassium.
Salin de betteraves..
Carbonate de potasse.
Nitrate de potasse...
Sulfate de potasse..
Tartrates de potasse.
Cendres végétales vi-
   ves et lessivées...
Lies de vin........
Borax brut........
Nitrate de soude....
Soude de varech. ..
Noir d'os..........
Os calcinés, blancs..
Phosphates naturels.
Citrates de chaux...
Sulfate de magnésie.
Carbonate de magné-
   sie.... ....
Chlorure de magné-
   sium... ....
Acétate de fer liquide
Garancine.........
Sucre de lait.......
Albumine..........
Curcuma en poudre.
Maurelle.. . ...,..
Bleu de Prusse ...
Carmins de toute
   sorte ....
Cendres bleues ou
   vertes ....
Laque en teinture ou
   en trochisque.....

Exempts.

DÉNOMINATION des articles.	TAUX DES DROITS	
	en 1863.	au 1er octobre 1864.

Produits chimiques (suite).

Vert de montagne.. Stil de grain... .. Kermès en grains et en poudre (animal)	Exempts.	
Essence de houille et ses dérivés.	5 0/0 de la valeur.	
Phosphore blanc....	40 » les 100 k.	40 » les 100 k.
Oxyde de zinc (blanc de zinc).......... Oxydes et carbonates de plomb	5 » —	2 » —
Acide oléique......	5 » —	5 » —
Acide oxalique et oxalates de potasse ...	15 » —	10 » —
Prussiate de potasse jaune.......	20 » —	20 » —
Prussiate de potasse rouge....	30 » —	30 » —
Extraits de bois de teinture :		
Pour les noirs et violets........ ...	20 » —	20 » —
Pour les rouges et jaunes	30 » —	30 » —
Acide hydrochlorique (acide muriatique).......... .	» 60 les 100 k.	» 60 —
Soude caustique....	8 » —	5 » —
Carbonate de soude (sel de soude à tous degrés)......	4 50 —	3 » —
Soude artificielle brute...............	2 30 —	1 50 —
Carbonate de soude cristallisé (cristaux de soude)........	2 30 —	1 50 —
Sulfate et sulfite de soude...	1 20 —	1 20 —
Sulfate de soude cristallisé (sel de Glauber)........	1 » —	» 70 —
Bicarbonate de soude		

DÉNOMINATION des articles.	TAUX DES DROITS	
	en 1863.	au 1er octobre 1864.

Produits chimiques (suite).

et autres sels de soude non dénommés............	5 25	—	3 50	—
Chlorure de chaux..	4 25	—	2 80	—
Chlorate de potasse.	38 60	—	25 75	—
Savons ordinaires et de parfumerie....	6 »	—	6 »	—
Outremer..........	15 »	—	15 »	—

Phosphore rouge...
Aluminium........
Aluminate de soude.
Chlorure d'aluminium............ } 10 0/0 de la valeur.
Chromates de potasse
Chromates de plomb

Couleurs non dénommées, sèches, en
pâte et liquides... } 5 0/0 de la valeur
Acide stéarique.....
Colle forte et gélatine
Vernis :

  A l'huile.........
  A l'essence ...... } 10 0/0 de la valeur.
  A l'esprit-de-vin..

Orseilles de toute sorte .... } 5 0/0 de la valeur.
Produits chimiques non dénommés...

Verrerie et cristallerie.

Miroirs ayant moins de 1 mètre carré..	10 0/0 de la valeur.	
Glaces :		
Brutes	1 50 par mètre carré de superf.	
Etamées ou polies.	4 »	—
Bouteilles de toutes formes...........	1 30 les 100 kilogr.	
Verres :		
A vitre.........	3 50	—

DÉNOMINATION des articles.	TAUX DES DROITS	
	en 1863.	au 1er octobre 1864.

Verrerie et cristallerie (suite).

De couleur, polis ou gravés...... De montre et d'optique.......... Gobeleterie et cristaux, blancs et colorés........ .... Vitrification........ Emaux............. Objets en verre non dénommés.	10 pour cent de la valeur.	
Groisil et verre cassé.	Exempt.	
Cristal de roche brut ou ouvré........	—	
N. B. Le cristal monté sera taxé comme la bijouterie et l'orfévrerie........		

Poteries.

POTERIE GROSSIÈRE Carreaux, briques et tuiles........... Cornues à gaz, tuyaux de drainage et autres, creusets de toute sorte, y compris ceux en graphite et plombagine.... .... Pipes en terre...... Vernissée ou non, de toutes formes.....	Exempts.	
— avec décorations à reliefs unicolores et multicolores, platerie et creux..	5 » les 100 kilogr.	
POTERIE DE GRÈS : Ustensiles et appareils pour la fabrication des produits chimiques........	Exempts.	

DÉNOMINATION des articles.	TAUX DES DROITS	
	en 1863.	au 1er octobre 1864.

Poteries (suite).

Commune de toute sorte, platerie et creux, comprent la forme bouteille, les carafes, objets de ménage, ustensiles de cuisine, etc....	4 » les 100 kilogr.	
FAÏENCE :		
Stanifère, pâte colorée, glaçure blanche..............	Exempte.	
— glaçure colorée, majoliques, vernissée, multicolore..	20 p. c. de la v.	15 p. c. de la v.
Fine.............		
Grès fin...........		
Porcelaines de toute sorte, blanches ou décorées, parian et biscuit blanc.....	10 pour cent de la valeur.	

Articles divers.

Fleurs artificielles...	Exemptes.	
Objets de mode....	Exempts.	
Tresses en paille de toute sorte......	5 » les 100 kilogr.	
Chapeaux de paille..	10 » les 100 kilogr.	
Mercerie de toute sorte..........		
Boutons fins ou communs, autres que de passementerie..		
Brosserie de toute espèce..........	10 pour cent de la valeur.	
Instruments de musique et pièces détachées d'instruments..........		
Epingles de toute sorte...........	50 » les 100 kilogr.	
Caoutchouc ouvré :		
Pur ou mélangé..	20 » les 100 kilogr.	

DÉNOMINATION des articles.	TAUX DES DROITS	
	en 1863.	au 1er octobre 1864.

Articles divers (suite).

Appliqué sur tissus en pièces ou sur d'autres matières..	100 » les 100 kilogr.	
Vêtements confectionnés.	120 » les 100 kilogr.	
En tissus élastiques, pièces de toute dimension.	200 » les 100 kilogr.	
Chaussures.	60 » les 100 kilogr.	
N. B. Les ouvrages en gutta-percha suivront le même régime.		
Toiles cirées :		
Pour emballage.	5 » les 100 kilogr.	
Pour ameublement, tentures ou autres usages.	15 »	—
Cire à cacheter.	30 »	—
Cirage de toute sorte.	4 »	—
Encre à écrire, à dessiner ou imprimer.	20 »	—
Filets de pêche.	20 »	—
Poisson d'eau douce :		
Frais.	Exempt.	
Préparé.	10 » les 100 kilogr.	
Epices préparées (sauces).	25 »	—
Fromages de pâte dure.	4 »	—
Fromages de pâte molle.	3 »	—
Bière.	En sus du droit de consommation, 2 fr. par hectolitre.	
Cidre.	0 25 l'hectolitre.	
Huiles d'olive.	3 » les 100 kilogr.	
Huiles essentielles, volatiles de toute sorte, à l'exception de l'huile de roses.	1 » le kilogr.	
Jus d'orange.	Exempt.	
Manne.	8 » les 100 kilogr.	
Mélasses contenant :		

DÉNOMINATION des articles.	TAUX DES DROITS	
	en 1863.	au 1er octobre 1864.

Articles divers (suite).

Moins de 50 p. 100 de richesse saccharine.	14 30 les 100 kilogr. le droit de consommation compris.	
Plus de 50 p. 100 de richesse saccharine.	Le droit sur le sucre brut.	
— importées pour la distillation........	Exemptes.	
Alcool, par 100 degrés, en sus des droits de consommation...........	20 f. par hectol.	15 f. par hectol.
Eaux-de-vie, en bouteilles, et liqueurs, sans distinction de degrés, en sus des droits de consommation........ .	15 fr. par hectolitre.	
Ardoises :		
Pour toitures......	4 » le 1,000 en nombre.	
En carreaux ou en tables polis.......	10 fr. » le 100 en nombre.	
Mules et mulets....	5 fr. » par tête.	
Poils non spécialement tarifés, bruts et filés..........	Exempts.	
Poils de chèvre peignés.	10 fr. les 100 kilogr.	
Plumes à écrire, brutes ou apprêtées..	Exemptes.	
— à lit de toute sorte, duvet et autres...	50 fr. les 100 kilogr.	
Cire brute, jaune ou blanche.........	1 fr. —	
— ouvrée..........	4 fr. —	
Lait...	Exempt.	
Beurre frais ou fondu.	Exempt.	
— salé.............	2 fr. 50 les 100 kilogr.	
Miel.	Exempt.	
Oreillons..........	Exempt.	
Poissons de mer, frais, secs, salés ou fu-		

DÉNOMINATION des articles.	TAUX DES DROITS.	
	en 1863.	au 1er octobre 1864.

Articles divers (suite).

més, à l'exclusion de la morue, marinés ou à l'huile...	10 fr. les 100 kilogr.	
Homards...........	Exempts.	
Huîtres fraîches.....	Le 1,000 en nombre, 1 fr. 50	
— marinées	6 fr. les 100 kilogr.	
Moules et autres coquillages pleins...	Exempts.	
Graisses de poisson..	6 fr. les 100 kilogr.	
Graisses de toute sorte et dégras de peau...........	Exempts.	
Blanc de baleine et de cachalot.......	2 fr. les 100 kilogr.	
Fanons de baleine bruts	Exempts.	
Peaux de chien de mer et de phoque bruts, fraîches ou sèches.	Exemptes,	
Corail brut taillé et non monté.......	Exempt.	
Drogueries (Produits compris sous la désignation de drogueries.) :		
Cantharides desséchées, civette, musc, castoréum , ambre gris, fruits à distiller, storax, styrax, sarcocolle, kino et autres sucs végétaux desséchés, racines médicinales de toute espèce, herbes, fleurs, feuilles et écorces médicinales , agaric (amadou), kermès minéral, extrait de quinquina , camphre brut et raffiné, praiss, anis vert.	2 fr. les 100 kilogr.	

DÉNOMINATION des articles.	TAUX DES DROITS	
	en 1863.	au 1er octobre 1864.

Articles divers (suite).

Eponges de toute sorte	50	—
Os, sabots de bétail et dents de loup..		Exempts.
Cornes de bétail :		
Brutes.......... ..		Exemptes.
Préparées et débitées en feuilles de toute dimension........		3 fr. les 100 kilogr.
Résines de toute sorte, même distillées.		Exemptes.
Jus de réglisse.....		4 fr. les 100 kilogr.
Safran...............		Exempt.
Sumac moulu......		Exempt.
Liége :		
Brut et râpé de toute sorte.		Exempt.
Ouvré..		10 0/0 de la valeur.
Bois de teinture, même moulus.... ..		
Joncs et roseaux bruts..		Exempts.
Ecorces à tan de toute sorte , même moulues.		
Riz en grains.......		0 fr. 50 c. les 100 kilogr.
Riz en paille.		0 fr. 25 c. —
Pâtes d'Italie.......		3 fr. —
Betteraves.		Exemptes.
Pommes de terre...		Exemptes.
Houblon..........		20 fr. les 100 kilogr.
Graines à ensemencer		
Fruits et graines oléagineuses.		Exempts.
Fruits de table frais, citrons, oranges et leurs variétés.....		2 fr. les 100 kilogr.
Fruits secs ou tapés, pistaches , fruits confits, cornichons ou concombres ,		

DÉNOMINATION des articles.	TAUX DES DROITS	
	en 1863.	au 1er octobre 1864.

Articles divers (suite).

olives, câpres, fruits conservés sans sucre ni miel.......	8 fr. les 100 kilogr.	
Légumes salés ou confits au vinaigre.	3 fr. les 100 kilogr.	
Racines de chicorée :		
Vertes...............	0 fr. 25 —	
Sèches.	1 fr. —	
Plantes alcalines....	Exemptes.	
Marbres et albâtres de toute sorte :		
Blancs statuaires....	Exempts.	
Bruts , équarris ou sciés à 16 centimètres et plus d'épaisseur.........	1 fr. les 100 kilogr.	
Autrement sciés , sculptés , moulés ou polis....... ..	1 fr. 50 —	
Ecaussines et autres pierres de construction, y compris les pierres d'ardoise :		
Brutes , taillées ou sciées...........	Exemptes.	
Sculptées ou polies.	0 fr. 50 les 100 kilogr.	
Pierres gemmes de toute sorte.......	Exemptes.	
Agates et autres pierres de même espèce ouvrées	10 0/0 de la valeur.	
Meules.............		
Pierres à aiguiser de toute sorte... ...	Exempts.	
Chaux et plâtre.....		
Graphite et plombagine.............		

DÉNOMINATION des articles.	TAUX DES DROITS.	
	en 1863.	au 1er octobre 1864.

Articles divers (suite).

Crayons :

Simples en pierres..	1 fr. les 100 kilogr.	
Composés, à gaîne de bois	10 0/0 de la valeur.	

Parfumeries :

Alcooliques.........	Régime de l'alcool.	
Autres............	10 fr. les 100 kilogr.	
Moutarde en graine.	Exempte.	
Moutarde liquide ou composée	5 fr. les 100 kilogr.	
Chicorée brûlée ou moulue..........	5 fr. —	
Bougies de toute sorte Chandelles.........	10 0/0 de la valeur.	
Colle de poisson....	40 fr les 100 kilogr.	
Extraits de viande..	Exempts.	
Chocolat et cacao simplement broyé....	35 fr. les 100 kilogr.	
Eaux minérales, cruchons compris....	Exemptes.	
Papier de toute sorte. Cartons en feuilles de toute sorte....	10 fr. les 100 kil.	8 fr. les 100 kil.
Cartons moulés, coupés et assemblés..	10 0/0 de la valeur.	
Livres en langues française, mortes ou étrangères. ... Gravures, lithographies, photographies et dessins de toutes sortes sur papier. .... Cartes géographiques Musique gravée.... Etiquettes imprimées gravées et coloriées Objets de collection hors de commerce	Exempts.	

DÉNOMINATION des articles.	TAUX DES DROITS	
	en 1863.	au 1er octobre 1864.

Articles divers (suite).

Statues :		
Modernes en marbre ou en pierre	Exemptes.	
—en métal de grandeur naturelle au moin᷍		
Bimbeloterie.......	10 0/0 de la valeur.	
Vannerie..........		
Parasols et parapluies		
Cheveux ouvrés....	Exempts.	
Balais communs....		
Bois de chêne et de noyer...........		
Bitumes de toute sorte... ....᷍..	Exempts.	
Amidon.....	1 fr. 50 les 100 kilogr.	
Soufre brut, épuré ou sublimé......	Exempt.	
Cartes à jouer......	15 0/0 de la valeur.	
Cordes et cables....	15 fr. les 100 kilogr.	
Sangsues..........		
Champignons et truffes............	Exempts.	
Gibier.............		
Viande fraîche.....		
Volailles..........		
Racines de réglisse..		

(L. S.) *Signé* DROUYN DE LHUYS.
(L. S.) *Signé* E. ROUHER.
(L. S.) *Signé* NIGRA.
(L. S.) *Signé* SCIALOJA.

TARIF B

Annexé au traité de commerce. (Article 2.)

Droits à l'entrée en Italie.

DÉNOMINATION des articles.	BASE.	TAUX des droits.
Métaux.		
Fer et fonte :		
Minerai de fer, écailles, pailles, limailles et scories.....	Exempts.	
Fonte en masse et débris de vieux ouvrages	Id.	
Ferrailles et débris de vieux ouvrages en fer..........	100 kilogr.	1 15
Fer, de première fabrication, en barres, verges, etc., de toute forme ou diamètre..	Id.	5 75
Fers en rails pour chemins de fer...	Id.	1 15
Fer laminé en plaques, de 4 millimètres d'épaisseur et au-dessus......	Id.	5 75
Fer laminé en plaques , au-dessous de 4 millimètres et même en tuyaux..	Id.	9 25
Fer-blanc (tôle étamée), non ouvré..	Id.	9 25
Fil de fer au-dessous de 7 millimètres..	Id.	8 10
Acier :		
En barres, ou verges et débris de vieux ouvrages...	Id.	13 85
Laminé, en feuilles ou plaques.......		

DÉNOMINATION des articles.	BASE.	TAUX des droits.	

Métaux (suite).

Fil d'acier.	Id.	23	10
Cuivre, laiton et bronze :			
Minerai de cuivre...	Exempt.		
Limailles de cuivre, laiton et bronze..	Id.		
Cuivre , laiton et bronze, en pains, rosettes, masses et débris de vieux ouvrages........	Id.	4	»
Cuivre ou laiton laminé...........	Id.	9	25
Cuivre ou laiton battu et en fils........	Id.	12	»
Cuivre ou laiton doré ou argenté en lingots...........	Id.	34	65
Cuivre ou laiton doré ou argenté, filé sur-fil ou soie...... .	Id.	98	15
Cuivre ou laiton doré ou argenté, battu, étiré ou laminé, y compris les cannetilles et les paillettes...........	Id.	57	55
Zinc :			
Minerai...........	Exempt.		
De première fusion, en masses brutes, saumons, barres ou plaques et débris de vieux ouvrages.	Exempt.		
Laminé...........	100 kil.	4	»
Plomb :			
Minerai...........	Exempt.		
Plomb en pains et en débris........	Id.	0	50
Plomb battu laminé.	Id.	6	»
—au 1er octobre 1864	Id.	3	»
Plomb allié d'anti-			

DÉNOMINATION des articles.	BASE.	TAUX des droits.

Métaux (suite).

moine en masses.. Vieux caractères d'imprimerie.....	100 kilogr.	3 »
Etain : Minerai et en pains, saumons, barres et débris..........	Exempt.	
Battu, laminé et en feuilles.........	Id.	6 »
Cadmium brut..... Mercure natif ..... Bismuth (étain de glace)...........	Exempts.	
Antimoine : Minerai...........	Exempt.	
Métallique ou régule.	100 kil.	6 »
Nickel............	même régime que le cuivre.	
Allié d'autres métaux (argentan) en lingots ou masses brutes..........	100 kil.	4 »
Battu, laminé et étiré	Id.	10 »
Manganèse : Minerai............	Exempt.	
Arsenic métallique..	Id.	

Ouvrages en métaux.

Fonte : En coussinets pour chemins de fer...	100 kilogr.	0 60
Fonte ouvrée, polie ou tournée, étamée, émaillée ou vernissée, même garnie d'autres métaux............	Id.	4 60
Fonte ouvrée, non polie ni tournée, etc.	Id.	4 »
Fer : Fer simple, de seconde fabrication..	Id.	11 55
Ancres, canons, en-		

DÉNOMINATION des articles.	BASE.	TAUX des droits.

Ouvrages en métaux (suite).

clumes, martinets, socs de charrue...	100 kilogr.	8 »
Fer-blanc ouvré, même avec de petites garnitures d'autres métaux..........	Id.	15 »
Fer ouvré garni d'autres métaux......	Id.	13 85
Acier :		
Acier ouvré........	Id.	23 20
Aiguilles à coudre..	Id.	57 75
Plumes métalliques, en métal autre que l'or et l'argent....	Id.	57 75
Hameçons de toute espèce......... ..	Même régime que l'acier ouvré.	
Coutellerie pour les arts et les métiers et coutellerie avec les manches en bois commun, non garnis.	100 kilogr.	9 25
Coutellerie avec les manches de toute autre matière.....	Même régime que la mercerie.	
Instruments de chirurgie, de precision, de physique et de chimie (pour laboratoire)......	100 kilogr.	10 »
Armes :		
Baïonnettes	Id.	23 10
Canons de fusil.....	la pièce.	1 15
Canons de pistolet..	Id.	0 40
Fusils de calibre ...	Id.	2 30
Canons de fusils de chasse..........	Id.	3 45
Pistolets de mesure.	Id.	1 70
Lames de sabre ordinaires.........	100 kilogr.	27 70
Lames de sabre dorées ou damasquinées.............	la pièce.	0 50

DÉNOMINATION des articles.	BASE.	TAUX des droits.

Ouvrages en métaux (suite).

Sabres et épées avec poignée d'acier...	la pièce.	2 60
Sabres et épées avec poignée d'argent..	Id.	6 95
Sabres et épées avec poignée d'argent doré.	Id.	10 40
Sabres et épées avec poignée d'autre métal...............	Id.	1 75
Sabres et épées avec poignée d'autre métal doré ou argenté...........	Id.	3 45
Métaux divers : Outils en fer, en acier ou en fer et acier, pour les arts, les métiers et l'agriculture	100 kilogr.	9 25
Objets en fonte et fer	Régime de la matière dominante	
Toiles métalliques en fer et en acier....	100 kilogr.	15 »
Au 1er octobre 1864	Id.	10 «
Toiles en fil de cuivre ou laiton.....	Id.	13 85
Cuivre ou laiton ouvré, non ferré....	Id.	23 »
Au 1er octobre 1864	Id.	20 »
Cuivre ou laiton ouvré, ferré........	Id.	17 30
Cuivre ou laiton ouvré, doré ou argenté.	Id.	100 »
Bronze ouvré en cloches, canons et gros objets	Id.	17 30
Bronze ouvré : objets divers non dorés..	Id.	50 »
Bronze ouvré : objets divers dorés......	Id.	100 »

DÉNOMINATION des articles.	BASE.	TAUX des droits.

Ouvrages en métaux (suite).

DÉNOMINATION des articles.	BASE.	TAUX des droits.
Ouvrages en zinc, tuyaux et autres ouvrages grossiers	100 kilogr.	6 95
Ouvrages en zinc, autres	Id.	8 »
Ouvrages en zinc, dorés............	Id.	57 75
Ouvrages en plomb de toute sorte....	Id.	6 »
Au 1er octobre 1864	Id.	3 »
Caractères d'imprimerie neufs......	Id.	5 75
Poteries et autres ouvrages en étain pur ou allié d'antimoine	Id.	17 30
Ouvrages en nickel allié au cuivre ou au zinc (argentan)	Id.	100 »
Ouvrages en métaux plaqués sans distinction de titre..	Id.	100 »
Ouvrages en métaux dorés ou argentés, non dénommés...	Id.	100 »
Orfévrerie et bijouterie en or, argent, platine ou autres métaux..........	de la valeur.	5 0/0
Horlogerie : Montres simples à boîte d'or........	la pièce.	2 30
Montres simples à boîte de tout autre métal............	Id.	1 15
Montres à répétition et carillon........	Id.	4 60
Horloges de table, horloges pour voyages et en tableaux.	Id.	3 50
Carillons à musique.	Id.	3 »
Mouvements de montre	Id.	0 35

DÉNOMINATION des articles.	BASE.	TAUX des droits.

Ouvrages en métaux (suite).

Mouvements d'horloges de table, d'horloges pour voyages, pour tableaux et pour pendules...........	100 kilogr.	57 75
Mouvements d'horloges de clocher..	Id.	23 10
Cages de pendules en albâtre, bronze, cristal ou bois....	Même régime que les ouvrages de la matière dont elles sont formées.	
Fournitures d'horlogerie	100 kilogr.	57 75

Machines et mécaniques.

Machines et mécaniques non dénommées...........	p. 100 f. de la v.	1 15
N. B. Le gouvernement italien se réserve la faculté de dénommer dans le tarif les machines non dénommées, et de les assujettir à des droits spécifiques qui, en tout cas, ne pourront dépasser les droits établis dans le tarif français.		
Pièces détachées de machines	Même régime que les machine	
Peignes à tisser et broches.........	100 kilogr.	5 75
Ressorts pour carrosserie et autres....	Id.	15 »
Cardes à carder et leurs garnitures..	Id.	5 75
Or battu en feuilles.	1 kilogr.	9 25
Argent —	Id.	4 60
Sucres raffinés.....	100 kilogr.	28 85
Sucres non raffinés..	Id.	20 80

DÉNOMINATION des articles.	BASE.	TAUX des droits.

Machines et mécaniques (suite).

Voitures et waggons pour voyageurs...	la pièce.	10 fr. plus 5 0/0 de la valeur.
Voitures et waggons pour marchandises	Id.	5 fr. plus 5 0/0 de la valeur.
La tabletterie et les ouvrages en ivoire sont compris dans la mercerie.		
Peaux brutes.........	Exemptes.	
Peaux vernies et maroquinées.........	100 kilogr.	80 »
Peaux teintes , de mouton.........	Id.	45 »
Peaux tannées.. en 1863..	Id.	40 »
au 1er janvier 1864	Id.	25 »
au 1er janvier 1865	Id.	15 »
Autres préparées de toute sorte. en 1863...	Id.	20 »
au 1er janvier 1864	Id.	15 »
Gants.............	de la valeur.	5 0/0
Ouvrages en peau et en cuir.........	100 kilogr.	50 »
Futailles vides, neuves ou vieilles, cerclées en bois.	Exemptes.	
montées ou démontées cerclées en fer.	de la valeur.	10 0/0
Bois feuillards et merrains.........	Exempts.	
Bois de construction brut, scié ou simplement équarri...	Id.	
Bois de construction en éclisses, pour caisses, boîtes, tamis, etc	Id.	
Avirons.............	Id.	

DÉNOMINATION des articles.	BASE.	TAUX des droits.

Machines et mécaniques (suite).

Echalas et perches..	Exempts.	
Meubles en bois commun, vernissés ou plaqués, sculptés ou non, même garnis de métal, simples ou rembourrés	de la valeur.	10 0/0
Ustensiles et ouvrages divers en bois.	Id.	Id.
Bâtiments, barques et bateaux	Exempts.	

Industries textiles.

Lin et chanvre : Lin et chanvre brut ou peigné........		Exempt.
Fils de lin ou de chanvre, simples, écrus, lessivés ou blanchis.	100 kilogr.	11 55
Fils de lin ou de chanvre, simples, teints.............	Id.	23 10
Fils de lin ou de chanvre, retors, écrus, lessivés ou blanchis.	Id.	23 10
Fils de lin ou de chanvre, retors, teints.............	Id.	34 65
Tissus de lin ou de chanvre unis, ayant moins de 6 fils, en chaîne dans l'espace de 5 millimètres; — écrus ou blanchis...	Id.	23 10
Tissus de lin ou de chanvre, de 6 fils en chaîne, dans l'espace de 5 millimètres et au-dessus,		

DÉNOMINATION des articles.	BASE.	TAUX. des droits.

Industries textiles (suite).

écrus, blanchis ou mélangés de blanc.	100 kilogr.	57 75
Tissus de lin ou de chanvre teints ou fabriqués avec des fils teints, ayant moins de 6 fils....	Id.	38 »
—au-dessus........	Id.	90 »
Tissus de liu ou de chanvre imprimés.	1 kilogr.	1 15
Coutil, linge damassé, batiste, etc....	Comme les tissus.	
Tulles et dentelles de lin.	1 kilogr.	9 25
Bonneterie, passementerie et boutons............	Comme les tissus.	
Rubannerie de fil écru, blanchie ou teinte.............	1 kilogr.	0 80
Vêtements, lingerie et articles non denommés.........	Comme l'étoffe principale dont ils sont formés.	
Tissus de lin ou de chanvre mélangés de laine ou de coton..............	Régime de la matière dominante.	
Tapis de pieds.....	1 kilogr.	0 40
Jute : Fils et tissus : même traitement que les fils et tissus de chanvre.		
—A partir du 1er janvier 1864, mêmes droits que ceux du tarif franco-belge.		
Phormium tenax : Même régime que le lin et le chanvre.		
Crin :		

DÉNOMINATION des articles.	BASE.	TAUX des droits.

Industries textiles (suite).

Brut de toute nature.	Exempt.		
Frisé et cordes.....	100 kilogr.	3	»
Ouvrages grossiers..	Id.	4	»
Tissus de crin pour tamis.............	Id.	25	»
Tissus de crin autres.	Id.	40	»
Coton :			
Coton en laine ou en masse	Exempts.		
Coton en feuilles cardées ou gommées (ouates)..........	100 kilogr.	5	75
Fils de coton, écrus, simples du n° 45 et au-dessous.......	Id.	11	55
Fils de coton, écrus, simples au-dessus.	Id.	23	10
Fils de coton, écrus, retors, de tout numéro.	Id.	28	85
Fils de coton, blanchis ou teints de toute qualité ou numéro.	Id.	34	65
Tissus de coton, écrus ou blanchis.	Id.	46	20
Tissus de coton, teints	Id.	69	30
Tissus de coton de fils teints.........	Id.	86	60
Tissus de coton imprimés.	Id.	115	50
Tissus de coton brodés en lin, coton ou laine, gazes et mousselines brodées ou brochées.	Id.	232	»
N. B. Le gouvernement italien se réserve la faculté de remanier le tarif des fils et des tissus de coton. En tout cas,			

DÉNOMINATION des articles.	BASE.	TAUX des droits.

Industries textiles (suite).

on ne pourra dépasser, pour les qualités inférieures, les droits du tarif conventionnel français ; et pour les qualités supérieures 25 centimes le kilogramme pour les fils, et 90 centimes le kilogr. pour les toiles.			
Velours de coton de toute espèce	100 kilogr.	85	»
Tapis de coton, de pieds........ ...	Id.	23	10
Tulles, dentelles et blondes.........	1 kilogr.	2	30
Vêtements, lingerie et autres articles non dénommés...	Même régime que l'étoffe principale dont ils sont formés.		
Tissus de coton mélangés de lin ou de laine.. ..:.....	Régime de la matière dominante.		
Laine :			
Laines en masse et bourre de laine ..	Exemptes.		
Laines en masse et bourre de laine teintes..........	100 kilogr.	3	45
Fils de laine de toute espèce..........	Id.	46	20
Fils de laine teints..	Id.	69	30
Tissus de laine.	de la valeur.	15	0/0
Au 1er octobre 1866.	Id.	10	0/0
N. B. Toutefois, l'importateur aura la faculté de payer, au lieu des droits ad valorem sus - indiqués, le droit spécifique de 1 fr. 60 c. par kilogr. pour les tissus de laine. L'importateur de-			

DÉNOMINATION des articles.	BASE.	TAUX des droits.

Industries textiles (suite).

vra faire son option entre les droits à la valeur et les droits spécifiques, au moment même de la déclaration en douane.		
Feutres à doublage, pour semelles et à filtrer...........	100 kilogr.	5 75
Feutres pour chapeaux............	Id.	17 30
Couvertures de bourre de laine, de lambeaux et lisières de drap....	Id.	57 75
Couvertures de bourre de laine de toute autre qualité...	1 kilogr.	0 80
Tapis de laine......	Id.	1 »
Bonneterie et passementerie de laine.	Même régime que les tissus.	
Rubanerie de laine ou poil, même mélangée de fil ou coton............ ...	1 kilogr.	2 30
Dentelles de laine...	Id.	2 30
Châles , mouchoirs , cravates et autres articles à la pièce :		
Valant 50 fr. ou moins.	Id.	3 45
De valeur supérieure, même mélangés de soie ou bourre de soie, ou brodés....	Id.	3 fr. 45 c., plus 5 0/0 de la valeur.
Vêtements et tous autres ouvrages non dénommés.	Comme l'étoffe principale.	
Vêtements et tous autres ouvrages vieux	La moitié du droit.	
Les poils et tissus de chèvre, d'alpaca, de vigogne et de cha-		

DÉNOMINATION des articles.	BASE.	TAUX des droits.

Industries textiles (suite.)

meau, purs ou mé-
langés de laine, sui-
vront le même régi-
me que les poils, fils
et tissus de laine,
quelle que soit la pro-
portion du mélange.

Les tissus de laine
et des autres matiè-
res ci-dessus dénom-
mées, mélangées de
coton ou d'autres fi-
laments quelconques,
payeront les mêmes
droits que les tissus
de lai e pure, pour-
vu que la laine domi-
ne en poids dans le
mélange.

Soie :		
Soie en cocons, grége ou moulinée......		Exemptes.
Bourres de soie et dé-chets de soie, en masse ou filées...		Id.
Soie et bourre de soie, teinte	1 kilogr.	2 »
au 1er octobre 1866.	Id.	Exempts.
Tissus de soie pure { en 1863.....	Id.	9 »
au 1er jan-vier 1865 .	Id.	6 »
au 1er jan-vier 1868..	Id.	3 »
Tissus de bourre de soie ou de bourre et de soie .. { en 1863.	Id.	8 »
au 1er jer 1865..	Id.	6 »
au 1er jer 1868..	Id.	3 »

Les tissus mélangés
payeront le droit de
la matière dominante

DÉNOMINATION des articles.	BASE.	TAUX des droits.	

Industries textiles (suite).

en poids; toutefois, lorsqu'ils contiendront plus de 12 0/0 et jusqu'à 50 0/0 de soie ou de bourre de soie, ils seront soumis à un droit de 3 fr. par kilogramme.
Rubans de soie ou de bourre de soie :

Autres Velours — en 1863............	1 kil.	9	»
au 1er janvier 1865............	Id.	7	»
au 1er janvier 1868............	Id.	5	»
en 1863........	Id.	9	»
au 1er janvier 1865........	Id.	8	»
Mélangés..........	de la valeur	10	0/0
Foulards écrus, imprimés ou teints..	1 kil.	3	»
Passementerie, bonneterie, couvertures et tapis......	comme les tissus.		
Tulles et dentelles..	de la valeur	5	0/0
Tissus, passementerie et dentelles avec or ou argent fin..	1 kil.	11	55
Tissus, passementerie et dentelles avec or ou argent faux.	Id.	3	50
Vêtement et tout autre article non dénommé.........	Même régime que l'étoffe principale dont ils sont formés.		

Produits chimiques.

Iode..............	100 kil.	2	»
Brome............	Id.	2	»
Acides — sulfurique...	Id.	1	»
nitrique....	Id.	1	»
benzoïque..	Exempt.		
borique....	Id.		
gallique....	Id.		

DÉNOMINATION des articles.	BASE.	TAUX des droits.	

Produits chimiques (suite).

Jus de citrons, d'oranges et leurs variétés............	Exempt.		
Oxyde de fer.......	100 kil.	2	»
Oxyde de zinc, gris ou blanc.........	Id.	2	»
Oxyde d'étain......	Id.	2	»
Safre et autres composés de cobalt...	Id.	1	»
Chlorure de potassium...........	Id	2	»
Carbonates de potasse et cendres végétales...........	Id.	0	50
Nitrate de potasse...	Exempt.		
Sulfate de potasse...	Id.	0	50
Lies de vin........	Exempt		
Borax brut.........	Id.		
Nitrate de soude....	Id.		
Soude de varechs...	Id.		
Noir d'os et os calcinés blancs.......	100 kilogr.	2	»
Phosphates naturels.	Exempts.		
Sulfate de magnésie.	100 kilogr.	1	»
Sulfure de mercure.	Id.	1	»
Carbonate de baryte.	Id.	2	»
Sulfate de baryte ...	Id.	1	»
Sulfate de fer, de manganèse, de cuivre et de zinc et double de fer et de cuivre, dit vitriol d'Admonde et de Salzbourg........	Id.	2	»
Sulfate d'alumine et de potasse ou alun de toute espèce.	Id.	0	50
Garancine..........	Id.	2	»
Acétates de fer, de plomb, de cuivre et d'aluminium(pyrolignites d'aluminium)	Id.	1	»

DÉNOMINATION des articles.	BASE.	TAUX des droits.

Produits chimiques (suite).

Curcuma en poudre.			
Maurelle...........	Exempts.		
Stil de grain			
Kermès en grains et en poudre (animal).	100 kilogr.	2	»
Oxyde de plomb ...	Id.	2	»
Acide oxalique	Id.	8	»
Acide oléique	Id.	5	»
Prussiate de potasse rouge ou jaune...	Id.	10	»
Acide hydrochlorique (acide muriatique)...........	Id.	2	»
Sel marin ou chlorure de sodium.....	Prohibé comme matière de monopole fiscal.		
Sel gemme, fossile, en cristaux.......	100 kilogr.	40	»
Soude artificielle ..	Id.	0	50
Carbonate de soude de toute espèce...	Id.	0	50
Sulfate de soude . .	Id.	1	»
Chlorure de chaux..	Id.	2	»
Chlorure de soude et de manganèse ...	Id.	2	»
Savons ordinaires et de parfumerie ...	Id.	6	»
Couleurs non dénommées en pâte ou en tablettes	Id.	4	»
Acide stéarique.....	Id.	5	»
Colle forte	Id.	10	»
Vernis de toute sorte	Id.	10	»
Orseilles de toute sorte	Id.	2	»
Racines et bois de teinture et pour tannerie, non dénommés , moulus ou non	Exempts.		
Produits chimiques non dénommés, y compris les acides.	100 kilogr.	4	»

DÉNOMINATION des articles.	TAUX DES DROITS	
	en 1863.	au 1er octobre 1864.

Verrerie et cristallerie.

Glaces brutes........	100 kilogr.	8 »
— polies non éta-mées...........	Id.	15 »
— polies étamées...	Id.	25 »
Objets en cristal, unis ou moulés, non coloriés et non taillés	Id.	12 »
— en cristal, taillés, gravés ou coloriés.	Id.	15 »
Objets en verre, unis ou moulés, non co-loriés et non taillés.	Id.	6 »
— au 1er octob. 1864.	Id.	5 »
Objets en verre, tail-lés, gravés ou colo-riés	Id.	8 »
— au 1er octob. 1864.	Id.	7 »
Verres à vitres......	Id.	7 »
— au 1er octob. 1864.	Id.	5 »
Bouteilles de toute forme...........	Id.	2 »
Groisil et verre cassé.	Exempts.	
Cristal de roche brut ou ouvré........	Id.	

Poteries.

Poterie grossière de terre et de grès commun : Carreaux, briques et tuiles...........	Exempts.	
Tuyaux de drainage et autres........	Id.	
Carreaux enduits ou vernissés........	100 kilogr.	» 90
Creusets, jarres à huile, fourneaux même incrustés de faïence et autres ouvrages grossiers.	Id.	1 15
Poterie en terre et en grès commun.....	Id.	3 45

DÉNOMINATION des articles.	BASE.	TAUX des droits.

Poteries (suite).

Poterie de faïence et de grès fin :		
Carreaux pour pavés.	100 kilogr.	2 »
Ouvrages divers blancs	Id.	8 »
— dorés, peints ou coloriés	Id.	12 »
Porcelaine blanche..	Id.	15 »
— au 1er octob. 1864.	Id.	12 »
Porcelaine dorée, peinte ou coloriée.	Id.	25 »

Articles divers.

Fleurs artificielles et leurs fournitures..	1 kilogr.	{ 5 fr. plus 5 0/0 de la valeur.
Objets de mode	Id.	Id.
Tresses de paille de toute sorte	100 kilogr.	5 »
Tresses de paille pour cordage.	Id.	2 »
Chapeaux de paille..		Exempts.
Mercerie commune de bois	Id.	40 »
Mercerie commune. Autre.	Id.	50 »
Mercerie fine.	Id.	100 »
(Les boutons et la brosserie suivent le même régime).		
Instruments de musique :		
Orgues pour église..	Id.	10 »
Orgues portatives...	la pièce.	4 »
Pianos	Id.	{ 7 fr. plus 5. 0/0 de la valeur.
Autres instruments .	Id.	0 50
Epingles	100 kilogr.	50 »
Caoutchouc et gutta percha ouvrés	Id.	28 85
Caoutchouc et gutta percha en passe- menterie et rubans.	Id.	115 50
Caoutchouc et gutta		

DÉNOMINATION des articles.	BASE.	TAUX des droits.

Articles divers (suite).

percha en fils et en courroies pour machines et mécaniques	100 kilogr.	4 60
Toiles cirées pour emballages, pour ameublement, tentures et autres usages..........	de la valeur.	10 0/0
Cire à cacheter.....	Id.	Id.
Cirage de toute sorte.	100 kilogr.	4 »
Encre à écrire ou à imprimer	Id.	11 55
Filets de pêche.....	Id.	13 85
Poissons d'eau douce frais...........	Exempts.	
Poissons d'eau douce préparés........	Id.	4 60
Epices préparées (sauces).........	Id.	25 «
Fromages de pâte dure............	Id.	4 »
Fromages de pâte molle........ ...	Id.	3 »
Bière..............	l'hectolitre.	2 fr. en sus du droit de consommation.
Cidre.......	Id.	3 30
Mélasse...........	100 kilogr.	6 95
Eaux-de-vie et alcools :		
En futailles, simples de 22 degrés et au-dessous.......	l'hectolitre.	5 50
En futailles, simples au-dessus de 22 degrés............	Id.	10 »
En futailles, composés (liqueurs).....	Id.	15 »
En bouteilles, simples	la bouteille.	0 10
En bouteilles, composés...........	Id.	0 15

DÉNOMINATION des articles.	BASE.	TAUX. des droits.

Articles divers (suite).

Ardoises............	Exemptes.	
Plumes à écrire bru-tes ou apprêtées..	Id.	
Plumes à lit de toute sorte, duvets et autres...........	100 kilogr.	11 55
Cire brute, jaune, blanche et ouvrée.	De la valeur.	3 0/0
Lait...............	Exempt.	
Beurre frais ou fondu.	Id.	
Beurre salé........	100 kilogr.	2 »
Miel..	Id.	5 »
Oreillons.........	Exempts.	
Poissons de mer, frais, secs ou salés ou fumés........	100 kilogr.	4 60
Poissons de mer ma-rinés ou à l'huile.	Id.	10 «
Graisses de poisson.	Id.	5 75
Graisses de toute sorte et dégras de peaux............	Id.	1 »
Blanc de baleine et de cachalot.......	Id.	2 »
Fanons de baleine bruts............		
Peaux de chien de mer.............	Exempts.	
Corail brut, taillé non monté.......		
Drogueries : Cantharides dessé-chées, civette, musc, castoréum, ambre gris, fruits à distiller, storax, styrax, sarcocolle, kino, et autres sucs végétaux desséchés, racines médicinales de toute espèce, herbes, fleurs,		

DÉNOMINATION des articles.	BASE.	TAUX des droits.	

Articles divers (suite).

feuilles et écorces mé icinales, agaric (amadou), kermès minéral, extrait de quinquina , camphre brut et raffiné , praiss , anis vert............	100 kilogr.	2	»
Eponges ordinaires..	Id.	20	»
Eponges fines.......	Id.	50	»
Os, sabots de bétail et dents de loup .	Exempts.		
Cornes de bétail brutes............	Id.		
Cornes de bétail préparées...........	Id.	3	»
Résines ordinaires d'exsudation et de combustion......	Id.	1	»
Résines épurées.....	Id.	2	»
Résines exotiques et gommes résines, baumes..	Id.	2	»
Jus de réglisse. ...	Id.	4	»
Liége brut	Exempt.		
Liége ouvré	100 kilogr.	10	»
Bois de teinture même moulus......			
Joncs et roseaux bruts			
Ecorces à tan de toute sorte, même moulues.............	Exempts.		
Sumac moulu.......			
Betteraves			
Pommes de terre...			
Houblon..........	100 kilogr.	2 50	
Graines à ensemencer....	Exemptes.		
Fruits et graines oléagineuses....	Id.		
Fruits verts de table.	Id.		
Oranges, citrons et leurs variétés.....	Id.		

DÉNOMINATION des articles.	BASE.	TAUX des droits.	

Articles divers (suite).

Fruits secs et tapés.	100 kilogr.	8	»
Fruits confits, cornichons et concombres....	Id.	8	»
Olives et pichalines, câpres...	Id.	8	»
Légumes salés ou confits au vinaigre.	Id.	3	»
Racines de chicorée vertes..........	Id.	»	25
Racines de chicorée sèches....	Id.	1	»
Plantes alcalines....	Exemptes.		
Marbres et albâtres de toute sorte :			
Bruts, équarris, ébauchés et pulvérisés.	Id.		
Sciés en planches de 16 centimètres et plus d'épaisseur...	100 kilogr.	1	»
Autrement sciés, sculptés, moulés ou polis.........	Id.	1	50
Ecaussines et autres pierre de construction, brutes, taillées ou sciées..... . .	Exemptes.		
Sculptées ou polies.	100 kilogr.	»	50
Pierres gemmes de toute sorte.......	Exemptes.		
Agate et autres pierres de même espèce, ouvrées....	De la valeur.	10	0/0
Meules et pierres à aiguiser.........			
Chaux et plâtre.....	Exempts.		
Graphite et plombagine........ ...			
Crayons simples en pierres sciées ou taillées..........	100 kilogr.	1	»
Crayons composés à gaîne de bois.....	De la valeur.	10	0/0
Parfumerie........	Id.	10	0/0

DÉNOMINATION des articles.	BASE.	TAUX des droits.

Articles divers (suite).

Moutarde en graines.	Exempte.		
Moutarde liquide ou composée.	100 kilogr.	5	»
Chicorée brûlée ou moulue........ .	Id.	5	»
Bougies de toute sorte :			
En cire............	Régime de la cire ouvrée.		
D'acid - stéarique...	100 kilogr.	10	»
Chandelles de suif..	Id.	5	»
Colle de poisson....	Id.	11	50
Ext ail de viande...	Exempt.		
Chocolat et cacao simplement broyé.	Id.	35	»
Eaux minérales (cruches et bouteilles non comprises) ..	Exemptes.		
Papier blanc et de pâte de couleur de toute qualité... .	100 kilogr.	10	»
Papier peint ou doré, et pour tenture ..	Id.	25	»
Papier grossier pour enveloppes et brouillard.	Id.	8	»
Cartons de toute espèce.	Id.	8	»
Livres en langues italienne, mortes ou étrangères	Exempts.		
Livres reliés en velours ou autrement. ,...	1 kilogr.	1	»
Gravures , lithographies et étiquttes.	Exemptes.		
Cartes géographiques	Id.		
Musique gravée....	100 kilogr.	15	»
Objets de collection hors de commerce.	Exempts.		
Statues modernes en marbre ou en pierre.,.........	Id.		

DÉNOMINATION des articles.	BASE.	TAUX des droits.

Articles divers (suite).

Statues modernes en métal de grandeur naturelle au moins.	Fxempts.		
Bimbeloterie.......	100 kilogr.	40	»
Vannerie grossière..	Id.	5	»
Vannerie fine......	Id.	20	»
Vannerie (nattes)...	Id.	2	»
Parasols et parapluies en soie........	La pièce.	1	»
Parasols et parapluies d'autre étoffe.....	Id.	»	50
Parasols et parapluies (fournitures)... ..	100 kilogr.	20	»
Balais communs... ⎫			
Bois de chêne et de noyer........... ⎬	Exempts.		
Bitume de toute sorte ⎭			
Amidon...........	100 kilogr.	1	50
Soufre brut, épuré ou sublimé.........	Exempt.		
Huiles fines d'olives.	Id.	3	»
Huiles fines de sésame, d'arachide, de pavots. et autres non dénommées, comestibles ou combustibles.....	Id.	6	»
Huiles fines de lin, de chènevis, de palme, de coco, de noix. de poisson. et autres non comestibles ni combustibles......... ..	Id.	5	75
Essences volatiles d'orange et leurs variétés	Exemptes.		
Cartes à jouer.....	Le jeu.	»	20
Tarots.............	Id.	»	40
Cordes et câbles....	100 kilogr.	3	

DÉNOMINATION des articles.	BASE.	TAUX des droits.

Articles divers (suite).

Riz en grains............ ⎫		
Pâtes d'Italie..		
Sangsues.............		
Champignons et truf- ⎬ fes	Exempts.	
Gibier...............		
Viande fraîche......		
Volailles .... ⎭		
Manne.............	100 kilogr.	2 »
Mules et mulets....	Par tête.	5 »
Eau de la Chartreuse. ⎫ Racines de réglisse.. ⎭	Exemptes.	

A l'égard des articles tarifés spécifiquement à leur importation en Italie et tarifés à la valeur à leur importation en France, le gouvernement italien se réserve la faculté de remplacer ces droits spécifiques par des droits à la valeur qui ne pourront être supérieurs à ceux fixés pour l'importation en France desdits articles.

Cette réserve n'est pas applicable aux tissus de laine.

(*L. S.*) *Signé* DROUYN DE LHUYS.

(*L. S.*) *Signé* E. ROUHER.

(*L. S.*) *Signé* NIGRA.

(*L. S.*) *Signé* SCIALOJA.

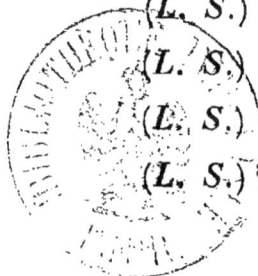

TARIF C

Annexé au Traité de commerce. (Article 3.)

Droits à la sortie de France.

DÉNOMINATION des articles.	BASE.	TAUX des droits.
Peaux brutes.......	»	Exempts.
Oreillons.....	»	Id.
Os de toute espèce et cornes de bétail.	»	Id.
Tourteaux de graines oléagineuses......	»	Id.
Engrais....	»	Id.
Soies { en cocons ..	»	Id.
teintes de toute sorte.	»	Id.
à coudre ...	»	Id.
Bourre de soie filée.	»	Id.
Chiffons de laine sans mélange	»	Id.
Chardons, cardères..	»	Id.
Noir animal........	»	Id.
Meules.	»	Id.
Bois de noyer	»	Id.
Autres chiffons et drilles de toute espèce.. .. .. Pâte à papier.......	»	12 fr. les 100 ki
Vieux cordages goudronnés ou non...	»	4 fr. les 100 k

(*L. S.*) *Signé* Drouyn de Lhuys.

(*L. S.*) *Signé* E. Rouher,

(*L. S.*) *Signé* Nigra.

(*L. S.*) *Signé* Scialoja.

TARIF D

Annexé au Traité de commerce. (Article 3.)

Droits à la sortie d'Italie.

DÉNOMINATION des articles.	BASE.	DROITS.
Charbon de bois ... Bois à brûler........ Bois de toute espèce, brut, équarri ou scié, ou ouvré.... Armes de toute qualité.	Exempts.	
Huiles d'olives......	100 kilogr.	1 »
Soufre brut	Id.	1 »

(*L. S.*) *Signé* Drouyn de Lhuys.
(*L. S.*) *Signé* E. Rouher.
(*L. S.*) *Signé* Nigra.
(*L. S.*) *Signé* Scialoja.

ARTICLE 2.

Notre ministre secrétaire d'Etat au département des affaires étrangères est chargé de l'exécution du présent décret.

Fait à Paris, le 20 janvier 1864.

Signé NAPOLÉON.

Vu et scellé du sceau de l'Etat :

Par l'Empereur :

Le garde des sceaux, ministre de la justice et des cultes,

Le ministre des affaires étrangères,

Signé J. Baroche.

Signé Drouyn de Lhuys.

Typographie E. PANCKOUCKE et Cie, quai Voltaire, 13.

www.ingramcontent.com/pod-product-compliance
Lightning Source LLC
Chambersburg PA
CBHW050615210326
41521CB00008B/1269